JAQUELLE CROWE

ISSO MUDA TUDO

COMO O EVANGELHO
TRANSFORMA A VIDA
DE ADOLESCENTES

> **Dados Internacionais de Catalogação na Publicação (CIP)**
> **(eDOC BRASIL, Belo Horizonte/MG)**
>
> C953i Crowe, Jaquelle, 1997-.
>   Isso muda tudo: como o evangelho transforma a vida de adolescentes / Jaquelle Crowe; tradução Francisco Brito. – 2.ed. – São José dos Campos, SP: Fiel, 2022.
>   200 p. : 14 x 21 cm
>
>   Inclui bibliografia
>   Título original: This Changes Everything: How the Gospel Transforms the Teen Years
>   ISBN 978-65-5723-187-6
>
>   1. Adolescentes – Vida religiosa. 2. Evangelização. 3. Vida cristã. I. Brito, Francisco. II. Título.
>
>   CDD 248.8
>
> **Elaborado por Maurício Amormino Júnior – CRB6/2422**

ISSO MUDA TUDO: Como o Evangelho transforma a vida de adolescentes

Traduzido do original em inglês
This Changes Everything:
How The Gospel Transforms the Teen Years

Copyright © 2017 by Jaquelle Rose Crowe

■

Publicado por Crossway Books,
Um ministério de publicações de
Good News Publishers
1300 Crescent Street
Wheaton, Illinois 60187, USA.

Copyright © 2017 Editora Fiel
Primeira edição em português: 2018
Segunda edição em português: 2022

Todos os direitos em língua portuguesa reservados por Editora Fiel da Missão Evangélica Literária
Proibida a reprodução deste livro por quaisquer meios, sem a permissão escrita dos editores, salvo em breves citações, com indicação da fonte.

Diretor: Tiago J. Santos Filho
Editor-chefe: Vinicius Musselman
Editor: Renata do Espírito Santo
Coordenador Gráfico: Gisele Lemes
Tradutor: Francisco Brito
Revisor: Shirley Lima – Papiro Soluções Textuais
Diagramador: Larissa Nunes
Capista: Larissa Nunes
ISBN Papel: 978-65-5723-187-6
ISBN Ebook: 978-65-5723-188-3

Caixa Postal, 1601
CEP 12230-971
São José dos Campos-SP
PABX.: (12) 3919-9999
www.editorafiel.com.br

Aos meus pais,
Sean e Diana Crowe.
Obrigada por me
ensinarem o evangelho.
Este livro também
é de vocês.

SUMÁRIO

INTRODUÇÃO

1 NOSSA IDENTIDADE

2 NOSSA HISTÓRIA

3 NOSSA COMUNIDADE

4 NOSSOS PECADOS

5 NOSSAS DISCIPLINAS

6 NOSSO CRESCIMENTO

7 NOSSO TEMPO

8 NOSSOS RELACIONAMENTOS

EPÍLOGO

AGRADECIMENTOS

INTRODUÇÃO

Gosto de filmes de futebol. Também gosto de ler livros. Costumo correr muito. Adoro sushi e chocolate amargo, mas odeio café (não me julgue por isso). Tenho um irmão mais novo e, na maior parte do tempo, nos entendemos muito bem. Quando estou entediada, mexo no Twitter pelo celular e, às vezes, no Instagram. Tenho dois gatos que são meus bebês. Não gosto de limpar o banheiro. Sou um horror em dança, mas, mesmo assim, estou constantemente dançando. Meu nome é Jaquelle e sou uma adolescente.

Mas nada disso é o mais importante a meu respeito. A coisa mais importante, maior e significativa que eu quero que você saiba é que o objetivo da minha vida é seguir Jesus; obedecer a Jesus; e buscar alegria, satisfação e paz em Jesus. Foi Jesus quem mudou a minha vida. Este livro trata exatamente disso.

Este Livro é um Nugget de Frango

Como todo adolescente, já fui criança. E, antes de ser criança, eu era bebê. Tenho certeza de que você sabe que bebês não costumam comer nuggets de frango. Eles bebem leite e comem papinha. Eu era assim. Depois, meus dentes começaram a crescer e, aos poucos, comecei a comer e digerir alimentos sólidos. Foi um dia emocionante quando evoluí do creme de ervilha para os nuggets de frango. Esse foi um momento histórico no meu crescimento.

Vejo este livro como um nugget de frango. É voltado a jovens cristãos que não estão mais comendo papinha espiritual. Já nos alimentamos do básico e continuamos famintos, querendo mais. Estamos prontos para comer carne e rejeitamos a papinha que tentam nos dar. Realmente não queremos que falem como se fôssemos seres inferiores. Aspiramos saber como é possível levar uma vida piedosa como adolescentes cristãos e não queremos que nos deem comida na boca quando já estamos prontos para mais do que isso.

Muitas pessoas em nossa sociedade (e até mesmo nossa cultura de igreja) diriam que não estamos prontos. Nós, adolescentes, somos jovens demais, somos inexperientes demais, e nunca conseguiríamos entender teologia ou ficaríamos entediados demais. Essa deveria ser a fase fácil e

INTRODUÇÃO

divertida de nossas vidas, dizem. Por que, então, enfrentaríamos os complicados nuggets de frango da verdade quando leite é algo perfeitamente aceitável?

Minha resposta: porque amamos Jesus. E, quando o amamos, amamos a verdade e queremos crescer. Rejeitamos o *status quo*. Esses não são os anos rebeldes; essa é a fase em que devemos nos levantar para obedecer ao chamado de Cristo. Não é o momento de sermos descuidados, mas de nos posicionarmos. Não é a época de satisfazermos a nossos próprios desejos, mas de glorificarmos a Deus. Nossa juventude provém da graça de Deus, está em suas mãos e existe para a notoriedade dele. Ele é a razão de todo o nosso viver.

Então, você está pronto para começar a se aprofundar?

Sobre o que é este Livro?

Este livro tem oito capítulos. Cada um deles é estruturado em torno de um tema comum da vida cristã e se baseia na forma como o evangelho realiza mudanças. Primeiro, vamos analisar a nossa identidade como seguidores de Jesus e por que *quem* somos influencia *o que* fazemos. Em seguida, estudaremos nossa história, o evangelho – que é, na verdade, a história de Deus, a história que transforma vidas de uma maneira maravilhosa –, no capítulo 2. O capítulo 3 fala da nossa comunidade, a igreja, e do nosso lugar nela. O capítulo 4 é sobre os nossos pecados comuns, especialmente aqueles que são considerados "respeitáveis", e sobre como devemos nos comportar em relação a eles.

O quinto capítulo é sobre a nossa disciplina, as difíceis tarefas que realizamos por amor a Deus e nosso desejo por piedade. O capítulo 6 fala sobre como crescemos em Cristo, enquanto o 7 é sobre como fazemos uso do nosso tempo. O capítulo 8 é sobre os nossos relacionamentos uns com os outros – com os nossos pais, irmãos, amigos e com o pessoal do sexo oposto.

Minha Esperança em relação a Você

Com frequência, os escritores ouvem o seguinte conselho: escreva um livro que você gostaria de ler. Vou logo dizendo para você: este é o livro que eu queria ler há muito tempo. De adolescente para adolescente, de uma seguidora de Jesus para outros seguidores de Jesus, foi isso que aprendi na Palavra de Deus sobre o que significa ter uma vida cheia de alegria e obediência, e que glorifica a Cristo, enquanto sou jovem. Minha esperança é que você me veja como uma amiga e alguém que quer ajudar. Minha oração é para que o evangelho mude a sua vida e para que você entregue tudo à causa de Cristo. Meu desejo é que eu e você sigamos Jesus todos os dias – e nada jamais voltará a ser igual.

1
NOSSA IDENTIDADE

Alguma coisa já mudou a sua vida?
Eu consigo pensar em algumas coisas que mudaram a minha. O nascimento do meu irmão mais novo, por exemplo. O meu primeiro emprego. Minha mudança para o Texas. Descobrir que a minha avó estava com câncer. Passar no meu primeiro exame de motorista. Ser aceita na faculdade. Enviar o meu primeiro artigo para TheRebelution.com.
Sei que você também passou por muitos momentos que mudaram a sua vida. Você começou a frequentar uma nova escola, ganhou o primeiro carro, conheceu alguém famoso ou foi para algum lugar legal. Você sabe quais foram esses momentos. Desde os mais impressionantes até os que

pareciam não ter valor algum, todos nós já tivemos esses momentos extraordinários que mudaram o nosso ponto de vista e, de alguma maneira, também a nossa vida. Deram-nos novos rumos ou nos colocaram em novos caminhos.

Mas, embora esses momentos tenham deixado marcas importantes em nossa vida, nunca nos mudaram por completo. Continuamos a ser as mesmas pessoas. Continuamos a ter a mesma aparência, a falar da mesma maneira e a acreditar na maior parte de tudo aquilo em que acreditávamos.

Isso é o que faz com que Jesus seja diferente.

Jesus muda tudo na vida de uma pessoa, tanto as coisas que são óbvias como aquelas que ninguém vê. Ele transforma o preto e o branco em cores que brilham e sacode os que dormem para que acordem totalmente. Os seguidores de Jesus não vivem mais da mesma maneira que viviam antes de começar a segui-lo. Não conversamos sobre as mesmas coisas nem lemos mais os mesmos livros. Não continuamos a nos vestir ou agir da mesma maneira que antes. Jesus renova as pessoas por completo. Ele ressuscita aqueles que estão espiritualmente mortos e faz com que tenhamos uma vida emocionante, bela e abundante.

Existe um Problema

Mas é aqui que encontramos um problema. Existem pessoas em todo o mundo – celebridades de capas de revistas, a mãe que leva o filho para jogar futebol, a pessoa que usa o armário ao lado do seu – que afirmam seguir Jesus, mas que, de fato, não seguem. Dizem ter um coração dedicado à busca apaixonada por Deus, mas não ocorrem mudanças em suas vidas. Vidas indiferentes. Vidas que se confundem, se misturam e se moldam ao mundo. Jesus não mudou nada em suas vidas.

E esse é um problema que está crescendo cada vez mais. Drew Dyck, autor e editor cristão, certa vez ouviu a seguinte mensagem em uma conferência de jovens: "Ser cristão não é difícil... Você não vai perder seus amigos ou deixar de ser popular na escola. Nada vai mudar. Sua vida será a mesma coisa, e ainda muito melhor". Drew ficou chocado com isso, mas os adolescentes, não. Na verdade, eles nem estavam prestando atenção. Estavam jogando Doritos uns nos outros. Foi inevitável que Drew pensasse: "E por que eles deveriam prestar atenção? Quem se importa com algo que não envolve aventura, sacrifício ou risco?".[1]

Se Jesus não muda nada, eles estão certos. Então, quem se importa com o cristianismo? Mas o oposto também é verdadeiro. Se Jesus muda tudo, vale a pena arriscar tudo para segui-lo. E a verdade é esta. Se você aprender apenas uma coisa neste livro, que seja o seguinte: *Jesus não tem seguidores sem convicção*. Ele exige tudo. Quando ele salva alguém, muda tudo. A pergunta inevitável é apenas esta: Como?

---
1 Drew Dyck, "What Do Teenagers Need from Youth Ministry?", *Christianity Today*, 21 de junho de 2011, http://www.christianitytoday.

Como Isso Mudou a Vida de Paulo

Conheça Paulo. Ele nasceu como você e eu – pecador com um pequeno punho cerrado em rebelião contra Deus; esse punho, então, cresceu e tornou-se um punho gigantesco que declarou: "Odeio tanto Jesus que vou perseguir seus seguidores". Como um inimigo imensurável de Jesus, Paulo queria acabar com seus seguidores. Ele queria que os cristãos fossem mortos e trabalhava para isso a todo instante. Até que Jesus o encontrou e disse: "Paulo, você é meu" (At 9). Como um interruptor que é ligado de repente, aquele que odiava Jesus tornou-se um seguidor dele.

Tudo na vida de Paulo mudou rápida e radicalmente. Sua vida, seus sonhos, suas ideologias, paixões, motivações e seu trabalho foram virados do avesso, transformados de uma forma irreversível. Antes era um perseguidor de cristãos; agora, seu maior defensor. Ele abandonou sua antiga vida e passou a seguir Jesus em uma vida nova e muito mais feliz, repleta de missões globais e plantação de igrejas, pregando sobre Jesus a qualquer um que quisesse ouvir.

O Espírito de Deus também o inspirou a escrever 13 livros do Novo Testamento. Em um deles, a carta à igreja na antiga cidade de Filipos, Paulo definiu o que é um seguidor de Jesus – um cristão. A definição é longa, mas completa. Leia com atenção.

Sim, deveras considero tudo como perda, por causa da sublimidade do conhecimento de Cristo

Jesus, meu Senhor; por amor do qual perdi todas as coisas e as considero como refugo, para ganhar a Cristo e ser achado nele, não tendo justiça própria, que procede de lei, senão a que é mediante a fé em Cristo, a justiça que procede de Deus, baseada na fé; para o conhecer, e o poder da sua ressurreição, e a comunhão dos seus sofrimentos, conformando-me com ele na sua morte; para, de algum modo, alcançar a ressurreição dentre os mortos (Fp 3.8–11).

O que é um cristão? Segundo Paulo, um cristão é alguém que faz seis coisas: (1) valoriza Cristo, (2) desvaloriza todas as outras coisas, (3) deposita fé em Cristo somente, (4) conhece Cristo, (5) sofre por ele e (6) torna-se como ele.

SEIS COISAS QUE UM CRISTÃO FAZ (SEGUNDO PAULO)

1 Valoriza Cristo
2 Desvaloriza Todas as Outras Coisas
3 Deposita fé em Cristo Somente
4 Conhece Cristo
5 Sofre por Ele
6 Torna-se como Ele

Os Cristãos Valorizam Cristo

Paulo diz que nada – nem mesmo o tesouro mais incrível, impressionante e valioso que existe – tem valor quando comparado a Jesus. Você já assistiu ao filme *A Lenda do Tesouro Perdido*? Trata-se de uma ficção sobre um grupo de exploradores americanos que querem encontrar o maior tesouro mensurável no mundo: uma coleção de artefatos históricos que valem bilhões de dólares. *Alerta de spoiler*: quando eles encontram, o tesouro tem ainda mais valor e é mais espetacular do que eles haviam imaginado. Mas Paulo diz que nada disso tem valor quando comparado a Jesus.

Jim Elliot sabia disso muito bem. Jim era um missionário no Equador na década de 1950 e foi assassinado por índios Huaorani, as próprias pessoas a quem ele estava servindo, antes de completar 29 anos. Aqui estava um homem que adorava tanto Jesus que estava disposto a perder tudo somente para anunciá-lo. Jim escreveu uma frase famosa que permanece como a declaração de sua vida: "Não é tolo aquele que dá o que não pode reter para ganhar aquilo que não pode perder".[2]

Jim sabia que só conseguiria encontrar satisfação para a sua alma ao reconhecer o valor absoluto de Jesus. Ele também sabia que seu Salvador nunca poderia ser casualmente deixado em uma só *parte* de sua vida, compartimentada como a aula de matemática ou uma partida de

---

2 Jim Elliot, citado em ELLIOT, Elisabeth. *Através dos portais do esplendor*. São Paulo: Vida Nova, 2013.

futebol. Jesus *era* a vida. E isso, portanto, significava que valia a pena morrer por ele.

Mas também significava que valia a pena viver por ele. A maioria de nós provavelmente não será martirizada pela fé. Ainda assim, podemos tomar diariamente a nossa cruz e seguir Cristo. Não, na verdade, nós *temos* de fazer isso. Os cristãos são chamados para seguir Jesus na morte, mas também na vida cotidiana normal.

Os Cristãos Desvalorizam Todas as Outras Coisas

Quando Paulo diz que considera "tudo como perda", talvez você imagine que ele não está realmente falando de *tudo*. E a lista dos melhores alunos? E a popularidade? E o conforto? E a família? E os amigos? Para Paulo, é como comparar o caroço de uma fruta com o banquete do rei. É algo muito inferior. Não, isso não significa que todas as coisas são necessariamente pecaminosas ou sem importância; significa que, quando são comparadas a Cristo, não representam nada, pois Jesus é tudo.

Paulo foi o melhor exemplo da desvalorização de tudo por valorizar tanto Cristo. Ele sofreu naufrágios brutais e espancamentos sangrentos, açoites e prisões, fome e picada de cobra, sede, desconforto, perda, solidão e dor, tudo porque Jesus valia a pena (2Co 11.23–28). Jesus era melhor do que a segurança. Jesus era melhor do que a saúde. Jesus era melhor do que a comida. Jesus era melhor do que os amigos. Paulo considerava tudo uma perda porque

Jesus era muito melhor que tudo.

Você e eu precisamos olhar para nossas próprias vidas e perguntar: "*Eu costumo agir assim?*". Para mim, viver como Jesus é melhor que meu celular? Jesus é melhor que meu corpo? Jesus é melhor que a minha maquiagem? Jesus é melhor que os esportes? Eu, alegremente, abriria mão de tudo por Jesus sem hesitar? Será mesmo?

Eu adoraria poder responder rapidamente e com confiança, "Sim, é claro", mas estou certa de que, com frequência, minha resposta autêntica é: "Na verdade, não". É claro que existem lindos momentos em que Jesus é supremamente valioso para mim, mas existem outros em que não é. São os momentos em que me distraio do meu tesouro por causa de bobagens. Passo tempo demais obcecada com a minha aparência, com o meu vício de checar o celular ou com raiva por causa de um jogo de beisebol perdido, vivendo como se Jesus estivesse em segundo lugar. Em momentos assim, preciso desesperadamente me lembrar do seguinte: Cristo é o meu tesouro. Ele é a minha recompensa, a minha alegria, o meu tudo. Como sua seguidora, preciso viver de acordo com isso.

Os Cristãos Têm Fé Nele Somente

Meu irmão Travis é um seguidor de regras assumido. Ele obedece à risca a todas as leis, sejam elas impostas pelo Estado ou não. Ele não permite nem que eu entre no cinema com um pirulito porque há uma placa que proíbe a entrada de alimentos comprados do lado de fora. Para ele e para outras pessoas como ele, pode ser uma tentação acreditar que serão salvos por seguirem as regras. Se ele conseguir ser bom o suficiente, legal o suficiente ou, como Pinóquio, provar que é "generoso, corajoso e verdadeiro", a redenção será possível. A tentação é confiar na própria justiça. Mas, como seguidor de Jesus, como alguém que valoriza Jesus, ele aprendeu que é algo absolutamente inútil depositar sua confiança no lugar errado. O cristão reconhece a própria pecaminosidade e crê que somente a justiça de Cristo pode resgatá-lo da ira de Deus (Gl 2.16).

Essa é uma mensagem contracultural. Vivemos em uma era de autoajuda, em que seguir o seu coração é o caminho contemporâneo para a salvação. Tudo o que você precisa fazer é reunir forças e criar coragem. Você é o herói, o libertador e o salvador. E nos dizem constantemente: *tenha fé em si mesmo* ou *acredite em si mesmo*.

Talvez não exista uma mensagem mais destrutiva para o cristianismo bíblico do que essa. É uma mensagem tão terrível e apodrecida pela idolatria de si mesmo que Jesus veio para destruí-la. Jesus veio para nos chamar para morrer a cada dia para si mesmo e confiar nele como o verdadeiro e perfeito Salvador (1Pe 2.24). Então, sim, tenha fé. Tenha uma fé bem grande, mas não em si mesmo. Tenha fé em Cristo. Olhe para ele.

Peça ao Espírito para te dar uma confiança firme e inabalável em Cristo somente e, depois, persista nisso.

Os Cristãos Conhecem Cristo

Você não pode ser cristão se não conhece a Deus. Não basta saber coisas *sobre* ele. Até mesmo os demônios sabem coisas sobre Deus (Tg 2.9). É necessário conhecê-lo como Salvador, como Senhor, como Redentor, como Justificador, como Rei, como Amigo. Um cristão tem um relacionamento íntimo com Deus. Não é um relacionamento a longa distância, superficial, impessoal ou unilateral. É presente, ativo, complicado, real, inspira temor e é maravilhosamente divino. É um Deus santo que ama os seres humanos imperfeitos e abre caminho para a comunhão autêntica com eles.

Isso me faz lembrar do Facebook. Foi somente quando eu estava com quase 18 anos que finalmente abri uma conta no Facebook e, quando isso aconteceu, eu me vi toda empolgada para me conectar logo com os meus amigos. Mas depois, aos poucos, outra coisa começou a acontecer. As pessoas que *não eram* minhas amigas naquele espaço começaram a me enviar solicitações de amizade. Nós tínhamos amigos em comum, ou éramos parentes distantes, ou tínhamos nos conhecido em algum churrasco, mas não nos conhecíamos verdadeiramente, na "vida real".

Ser amigo somente no Facebook é estranho porque, embora eu visse as fotos e postagens dessas pessoas, o que me levava a saber muito sobre as suas vidas, continuava sem *conhecê-las*. Nunca tive uma conversa cara a cara com elas. Eu não sabia de nada além do superficial. Eu não sabia como era o caráter dessas pessoas, quais eram os seus sonhos ou o que elas mais queriam da vida.

O mesmo vale para aqueles que dizem seguir Jesus, mas não o conhecem verdadeiramente. Eles podem contar a você que Jesus morreu na cruz. Dizem que às vezes oram. Escutam algumas músicas cristãs e às vezes até compartilham memes cristãos. Mas não sabem o que é relacionar-se com Deus.

É importante reconhecer que isso não é culpa de Deus. Ele nos dá todas as oportunidades de conhecê-lo através de sua Palavra. É lá que ele se revela, e seu caráter é enfatizado em cada página. Além disso, permite-nos falar com ele por meio da oração, um canal sagrado de comunicação. Ao remover a ira de Deus, Jesus abriu caminho para que orássemos diretamente a Deus através de seu Espírito (Rm 8.26–27).

Um cristão conhece e ama essas verdades, por isso desfruta de alegre comunhão pessoal com Deus.

Os Cristãos Sofrem por Ele

É uma grande mentira dizer que os cristãos não vão sofrer. O sofrimento é uma realidade tão certa quanto a própria salvação. Basta perguntar para Paulo ou para Jim Elliot... ou para Jesus. Quando Deus o salva, você sacrifica uma vida de facilidades. "Então, disse Jesus a seus discípulos: Se alguém quer vir após mim, a si mesmo se negue, tome a sua cruz e siga-me" (Mt 16.24). Os cristãos devem esperar pelo sofrimento e reconhecer que temos uma grande responsabilidade em meio a esse sofrimento: glorificar a Deus.

Mas, às vezes, é difícil entender, não é? Ouvimos as histórias banhadas de sangue sobre os cristãos da China, da Coreia do Norte e do Oriente Médio, que são torturados e assassinados em nome de Jesus todos os dias. Ouvimos falar sobre o drama e o terror do sofrimento desses cristãos e ficamos sem saber o que pensar, pois o mesmo não acontece conosco no Ocidente. Podemos frequentar igrejas acima do nível do solo. Podemos orar em lugares públicos. Podemos ler nossas Bíblias na presença de policiais.

No entanto, isso não significa que, em menor escala, não venhamos a sofrer pela nossa fé. Haverá sofrimento, sim. Podemos sofrer bullying por causa da nossa fé em Cristo. Podemos ser envergonhados. Podemos ser demitidos do trabalho ou reprovados em uma matéria. Talvez zombem de nós. Podemos ser deixados de lado por algo considerado melhor. Podemos perder nossos amigos. Talvez tenhamos de abrir mão da escola dos nossos sonhos, do emprego dos nossos sonhos ou de qualquer outro sonho. O sofrimento virá para o seguidor de Jesus. E, se nunca vier, essa é uma evidência de que temos algum problema.

> Amados, não estranheis o fogo ardente que surge no meio de vós, destinado a provar-vos, como se alguma coisa extraordinária vos estivesse acontecendo; pelo contrário, alegrai-vos na medida em que sois coparticipantes dos sofrimentos de Cristo, para que também, na revelação de sua glória, vos alegreis exultando (1Pe 4.12-13).

Os Cristãos Tornam-se Como Ele

Os seguidores de Jesus esforçam-se para se tornar mais santos à medida que o Espírito de Deus opera em seus corações para torná-los mais parecidos com ele. Demonstramos nossa aliança com Cristo ao nos conformar diariamente à sua imagem (1Pe 1.15-16). Esse é o assunto do restante deste livro: *o evangelho muda tudo*.

Isso significa que compreendemos o peso surpreendente do que Deus realizou por nós, a profundidade de nossa pecaminosidade e o peso da misericórdia de Deus. Isso significa que não servimos a Deus sozinhos. Nós nos unimos à comunidade de sua igreja e nos tornamos uma família que vive para adorar a Deus em conjunto. Isso significa que fugimos do pecado – do nosso egoísmo, da fofoca, da insegurança, do orgulho, da cobiça, da ganância, da falta de contentamento, da inveja –, nos arrependemos e nos gloriamos na graça. Isso significa que cultivamos exercícios na vida que nos tornam mais parecidos com Jesus, lendo e memorizando sua Palavra, orando e compartilhando as boas-novas do evangelho glorioso com outras pessoas.

Isso significa que crescemos em maturidade através dos sermões fundamentados na Bíblia, dos cânticos que enriquecem nossa alma e dos livros que nos inspiram a ter uma vida focada no reino. Isso significa que devemos fazer uso do nosso tempo de um modo que seja útil, evitando tanto a ociosidade como a ocupação pecaminosa e praticando a autonegação. Isso significa que devemos cultivar relacionamentos que nos edificarão, alegrando-nos com a nossa família, nutrindo boas amizades e considerando os relacionamentos românticos sob a perspectiva de Deus.

Isso significa que amamos mais a Deus. Todos os dias, morremos um pouco mais para o antigo eu e vivemos um pouco mais como Cristo (Jo 3.30). É por isso que somos chamados de cristãos; porque somos de Cristo, por Cristo, com Cristo e em Cristo somente.

Abraçando a Nossa Identidade

Como somos jovens, é chegada a hora de fazer a pergunta que nunca fica velha: *Quem sou eu?* Todas as pessoas anseiam saber por que estão aqui. Nós fazemos as seguintes perguntas: *O que me define? Como devo viver?* Olhamos ao nosso redor e vemos todas essas pessoas que afirmam seguir Jesus, mas encontram a própria identidade no sucesso material, nas boas notas, na popularidade, nas roupas que vestem, no próprio corpo, nos próprios interesses ou nas expectativas de seus pais.

NOSSA IDENTIDADE

Não importa se são jovens ou idosos, a verdade é que os seguidores de Jesus só conseguem encontrar a própria identidade em Jesus.

> Assim que, nós, daqui por diante, a ninguém conhecemos segundo a carne; e, se antes conhecemos Cristo segundo a carne, já agora não o conhecemos deste modo. E, assim, se alguém está em Cristo, é nova criatura; as coisas antigas já passaram; eis que se fizeram novas (2Co 5.16–17).

O evangelho muda quem nós somos. O evangelho literalmente muda tudo.

Como o Evangelho Mudou a Minha Vida

O evangelho mudou tudo para mim. Quando Deus me salvou em minha infância, minha vida nunca mais foi a mesma. Eu estava perdida, mas fui encontrada. Eu era escrava do pecado; agora sou filha de Deus. Eu vivia para o mundo, mas agora vivo para um reino eterno, maior e melhor (Cl 1.13–14). Tudo sobre a minha vida antiga perdeu o charme.

À luz da eternidade, isso não é nada. Tenho um novo coração, novas motivações, novos sonhos e estou alinhada com um novo mundo (Hb 11.16). Eu sou cristã. E, como toda cristã, vou aprendendo ao longo do caminho. Ainda erro e continuo precisando lidar com os meus erros, as minhas falhas, as minhas frustrações e o meu orgulho. Ser cristã não significa que eu seja perfeita ou que acredite ser; significa que a perfeição é o meu alvo. Eu busco a santidade. E, embora ainda lute contra o pecado, não o amo mais. Meu objetivo é seguir um novo caminho e viver para um novo reino.

Os cristãos que vivem para esse novo reino têm um novo Rei. Seu nome é Jesus. Por causa dele, tudo é transformado. Agora fazemos parte de um movimento contracultural. Não somos como os outros adolescentes ao nosso redor. Não nos moldamos aos estereótipos. Realmente nos tornamos estranhos aos olhos de nossa cultura. Revistas de adolescentes não são escritas para nós. A música pop não é feita para nós. O roteiro dos novos programas na TV não foi escrito para nós. Não somos mais como os outros adolescentes.

O que somos, afinal? Somos livres. Seguir Jesus significa que não precisamos viver da maneira que a cultura diz que temos de viver. Temos o privilégio de viver de uma forma mais rica, mais significativa e mais gratificante todos os dias (Hb 12.28-29). Somos seguidores de Jesus. Isso significa que não precisamos desperdiçar nossas vidas. Significa que fazemos coisas difíceis. Significa que damos as costas para o que o mundo diz que é legal. Significa que somos membros de uma missão que mudará tudo. Significa que nos destacamos daqueles que nos cercam como uma luz que brilha em um quarto completamente escuro.

NOSSA IDENTIDADE

Significa que estamos em uma guerra, e todos os dias enfrentamos batalhas difíceis pelo lado vitorioso.

Não se engane; Jesus muda *tudo*.

Esta é a verdade que aprendi: se você viver para Jesus, não pode viver sem mudanças. Se o evangelho é verdadeiro, inevitavelmente mudará cada pequena parte de quem somos – o que fazemos, pensamos e dizemos, o que queremos dizer, com quem passamos nosso tempo, quem admiramos, quem escutamos e o respectivo motivo, e como vivemos hoje e viveremos amanhã e por toda a eternidade. Não será fácil nem seguro, tampouco será sempre confortável. Mas será bom. Irá despertar em você uma alegria profunda e inextinguível.

Então, você está pronto para descobrir quem realmente é? Você está pronto para se unir a um novo rei e para escutar um novo grito de guerra? Você está pronto para ser considerado um estranho pelo mundo, mas alguém precioso para seu Salvador? Você está pronto para romper com as amarras da cultura e descobrir o que significa seguir Jesus todos os dias?

Então, vamos começar.

Nossa identidade: perguntas para discussão

• Como você responderia à seguinte pergunta: "Quem sou eu?". Em que você se sente tentado a colocar sua identidade além de Jesus?

• O que João 15.18–19 nos ensina sobre diferenciar-se do mundo e de que maneira isso nos ajuda a vencer o medo de ser diferente?

• Como o evangelho mudou a sua vida? Escreva seu próprio testemunho de como Deus salvou você.

2
NOSSA HISTÓRIA

Certa vez, fiz um filme. Ficou horrível. Eu tinha dez anos e usei uma câmera digital azul, longa e fina que ganhei em um concurso promovido por uma revista. Ainda me lembro de quando editei o filme no computador de meus pais e digitei os créditos: *Escrito por Jaquelle Crowe. Filmado por Jaquelle Crowe. Estrelando Jaquelle Crowe.* Acho que Travis estava muito ocupado naquele dia, pois eu era a única atriz do filme e a equipe se resumia unicamente a mim. (Você está começando a entender por que foi tão ruim?)

O título era *O Mistério na Rua Warren* (sim, eu morei na rua Warren – O que posso dizer? Eu tinha muita criatividade para títulos...) e eu aparecia no filme perseguindo a casa vazia que ficava ao lado da nossa, inventando crimes terríveis que teriam sido cometidos dentro das suas paredes e fantasiando sobre os tesouros extravagantes que estariam enterrados debaixo do seu piso. Depois cantei algumas canções profundamente comoventes sobre quanto os crimes eram terríveis e quanto os tesouros eram extravagantes (eu também compus as canções, é claro). Foi um misto de Nancy Drew, filmes bregas de terror, Disney e Broadway.

Por mais que o filme fosse infantil, eu me diverti muito ao produzi-lo por uma razão muito simples: foi possível inventar uma história e depois me inserir nela. Entrei bem no meio de uma aventura viva, cheia de fôlego. O que eu não percebia naquele tempo era que estava explorando um aspecto fundamental do significado de ser cristão. Uma verdade maravilhosa sobre a vida no mundo de Deus é que temos o privilégio de participar de uma história da vida real, a história de Deus. Essa é a história apresentada na narrativa da Bíblia, que avança na linha do tempo e prossegue em nossas vidas hoje.

Mas o que é a história de Deus? O subtítulo deste livro é: "Como o Evangelho Transforma a Vida de Adolescentes". A história de Deus é o evangelho, e essa é a história que transforma a nossa vida de um modo incrível e penetrante. Essa é a história que molda a nossa identidade como seguidores de Jesus. Essa é a história que explica a existência de Paulo e também a nossa existência. Desse modo, precisamos conhecê-la o máximo possível.

Provavelmente, você já ouviu falar que *evangelho* significa "boas notícias". Mas, quando dizemos que é uma boa notícia, não é no sentido trivial que costumamos usar a palavra, como quando falamos de um "bom filme" ou um "bom hambúrguer". Garanto que essa é a *melhor* notícia que você ouvirá. Melhor ainda: o próprio Deus garante isso. Afinal, é a história dele.

Oro para que, enquanto refletimos sobre essa história juntos, você não permita que sua familiaridade com ela o endureça a ponto de não perceber sua beleza. Se você for como eu, já ouvi tudo isso muitas vezes, talvez centenas de vezes. Mas não crie uma cortina de fumaça emocional, fazendo uma leitura superficial, deixando-a de lado como se fosse notícia velha. Maravilhe-se comigo novamente. Tente lembrar-se de quando você ouviu essa história pela primeira vez e recupere um pouco daquele senso de novidade, das cores e do impacto original. A seguir, existem coisas surpreendentes e incríveis. Vamos aproveitá-las juntos.

Como a História Começa

A história de Deus começa há muito, muito tempo, antes mesmo de o tempo existir; na verdade, antes do espaço, do respirar e das estrelas. Tudo começou com Deus. Deus, o ser triuno (três em um) – Pai, Espírito e o Filho –, é eterno (Cl 1.15-17). Ele nunca teve um princípio e nunca terá um fim (Rm 1.20). É impossível compreender essa ideia em sua inteireza. Ele não está limitado ao tempo; ele é o Criador do tempo e trabalha dentro dele (Tt 1.2). E há milhares de anos, quando nada existia, exceto Deus, ele soberanamente escreveu uma história de gloriosa redenção. Tudo começou com a luz.

> Disse Deus: Haja luz; e houve luz. E viu Deus que a luz era boa; e fez separação entre a luz e as trevas. Chamou Deus à luz Dia e às trevas, Noite. Houve tarde e manhã, o primeiro dia (Gn 1.3-5).

Ao longo de seis dias, Deus criou o mundo inteiro em que vivemos por meio de palavras. Ele criou tudo a partir do nada, *ex nihilo*, como diz a expressão em latim. Ele começou do zero. Ele criou o sol, o céu, os oceanos, a lua, os formigueiros, os pinheiros, as esmeraldas, as pombas, as nuvens cúmulos-nimbo, a lava, as melancias e os cangurus. E, no sexto dia, Deus criou o auge de sua criação, o ser humano. Do pó da terra, Deus formou o primeiro homem, Adão (Gn 2.7) e, literalmente, soprou vida nele.

Depois, Deus fez Adão cair em sono profundo, tirou uma das costelas de Adão e formou uma mulher daquela costela, Eva. Uma mulher! Não deixe de perceber quanto isso é impressionante. Não deixe que as pinturas da escola dominical ofusquem quanto isso é surpreendente e maravilhoso. Primeiro, Deus falou e toda a natureza veio a existir. Depois, ele criou uma mulher (um novo gênero, totalmente diferente de Adão) a partir de um osso que ele tirou do homem, a quem ele criou do pó. Isso é impressionante!

Adão e Eva tinham uma comunhão perfeita e pura com Deus e entre si. Eles foram criados sem pecado ou defeito e receberam de Deus a tarefa de governar o jardim criado para eles, o Éden (Gn 2.15). Deus deu muita liberdade aos seres humanos, mas também estipulou uma única regra: não comer da Árvore do Conhecimento do Bem e do Mal (Gn 2.16-17). Eles tinham muita liberdade, mas uma limitação. Desde o começo da história, Deus deixou claro: Obedeça-me e você será feliz. Desobedeça-me e haverá consequências terríveis.

Sinclair Ferguson traduz o mandamento de Deus da seguinte maneira. Ele lhes disse: "Eu não estou pedindo para você fazer isso porque a árvore é feia – na verdade, é tão atraente quanto as outras árvores. Eu nunca crio nada feio! Você não poderá olhar para a fruta e dizer: 'Deve ter um gosto horrível!' É uma bela árvore. Então, é simples. Confie em mim, me obedeça, me ame por quem eu sou e porque você está desfrutando do que lhe dei. Confie em mim, me obedeça e você crescerá".[1] Até então, Adão e Eva obedeciam ao Pai e tudo era muito bom (Gn 1.31).

---
1 FERGUSON, Sinclair. *The Whole Christ: Legalism, Antinomianism, and Gospel Assurance: Why the Marrow Controversy Still Matters*. Wheaton, IL: Crossway, 2016, p. 82.

Então, o Pecado Entrou na História e Isso Foi Ruim

Mas essa parte não termina com "felizes para sempre". Satanás, um ser criado por Deus que escolheu se rebelar contra o bom Criador, entrou no Éden na forma de uma serpente e tentou Adão e Eva a comer da árvore proibida. Ele os encorajou a duvidar da fidelidade, da confiabilidade, da clareza e da bondade de Deus (Gn 3.1-5). "Deus realmente disse isso?", sugeriu ele maliciosamente. "Deus não está realmente preocupado com vocês. Ele sabe que, se vocês comerem da árvore, vão se tornar como ele. E ele é tão egoísta, tem tanta fome de glória, que está só tentando se proteger do poder que vocês poderiam ter. Comam do fruto e vocês serão como Deus. Não haverá mais regras. Vocês serão livres."

Como todos sabemos, Adão e Eva creram naquela tentação sagaz e desobedeceram ao mandamento de Deus. É difícil imaginar o que mudou depois daquela primeira mordida do fruto proibido, mas deve ter sido como uma queda de energia no meio do inverno. A luz calorosa da presença perfeita de Deus desapareceu e um frio terrível deve ter tomado conta do lugar. Algo estava muito errado.

De repente, pecadores assustados, Adão e Eva, tentaram esconder-se de Deus, muito envergonhados. Mas ninguém consegue se esconder de Deus. Seu criador os encontrou e os castigou. Havia consequências para o seu pecado, exatamente como ele dissera. E, por causa desse pecado, dessa rebelião da humanidade contra o seu criador, toda a humanidade foi amaldiçoada (Rm 5.18). O teólogo holandês Herman Bavinck expressou isso da seguinte maneira: "Em Adão, todos pecamos e, assim, o pecado se tornou o destino de todos nós".[2] Adão e Eva, você e eu, a humanidade inteira alienou-se de Deus e foi banida do Paraíso. Fomos amaldiçoados com a dor física e a morte (Gn 3.17–19), porém o mais significativo foi a morte espiritual. Paulo, o teólogo hábil, explicou com mais profundidade: "Portanto, assim como por um só homem entrou o pecado no mundo, e pelo pecado, a morte, assim também a morte passou a todos os homens, porque todos pecaram" (Rm 5.12).

Agora, a nossa comunhão com Deus foi rompida, o nosso relacionamento ficou abalado e nós não tínhamos um meio de voltar para o Éden e para o nosso criador. Em meio a essa queda catastrófica, Deus prometeu um herói, alguém que viria para consertar o que a humanidade quebrou.

Quando Deus amaldiçoou Satanás, disse à serpente: "Então, o SENHOR Deus disse à serpente: Visto que isso fizeste, maldita és entre todos os animais domésticos e o és entre todos os animais selváticos; rastejarás sobre o teu ventre e comerás pó todos os dias da tua vida" (Gn 3.14-15). A promessa foi que um descendente de Eva nasceria de mulher e seria ferido por Satanás, mas a vitória final seria dele, pois ele esmagaria a Serpente. A esperança estava viva, e esse foi só o começo da história.

---

2 BAVINCK, Herman. *Dogmática reformada: prolegômena*. São Paulo: Cultura Cristã, 2012.

O Herói Entra em Cena

Por muitos anos, a humanidade esperou para seu herói entrar no mundo. Deus conduziu seu povo por todos esses anos, multiplicando-os em número, edificando-os para que fossem uma nação (chamada Israel), libertando-os da escravidão, conduzindo-os à Terra Prometida, frutífera e verdejante, castigando-os quando desobedeciam e mostrando misericórdia quando se arrependiam. Leia o Antigo Testamento e veja como Deus fez isso diversas vezes – ensinando, disciplinando e sempre amando seu povo.

Ele fez isso ao instituir sacerdotes para que fossem intercessores de seu povo, uma ponte entre o santo Deus e o homem pecador. Esses sacerdotes ofereciam sacrifícios pelo povo (por causa de seus pecados) e guiavam-no em santidade segundo a Palavra de Deus. Deus também instituiu profetas para avisar o povo das consequências do pecado, das bênçãos da obediência e da alegria de confiar nele. E entronizou reis em favor do seu povo, para lutar suas batalhas, garantir sua proteção e guiá-lo com justiça e sabedoria.

Mas nenhum desses sacerdotes, profetas ou reis era perfeito. Alguns eram terrivelmente maus, enquanto outros lutavam para fazer o certo, mas acabavam desobedecendo a Deus. Eles violavam sua lei, fugiam de medo, perpetuavam a ignorância ou o ódio, agiam com injustiça e se rebelavam contra Deus. Todavia, esses ofícios sussurravam uma promessa constante: *um Sacerdote melhor virá. Um Profeta melhor virá. Um Rei melhor virá. O Herói que vai consertar tudo virá.*

E ele realmente veio, em uma noite movimentada e inesperada em Belém. Quem era o herói dessa história? O próprio Deus. Ele entrou na própria história. E nada continuaria igual. "E o Verbo se fez carne e habitou entre nós, cheio de graça e de verdade, e vimos a sua glória, glória como do unigênito do Pai" (Jo 1.14).

O criador do universo se humilhou, assumiu a forma de homem e nasceu milagrosamente de uma virgem modesta. Seu nome era Jesus (que significa "salvador") e ele veio para fazer o que nós não conseguiríamos fazer. Ele viveu uma vida perfeita, nunca tropeçando ou pecando: nunca implicou com seus irmãos, nunca desperdiçou o tempo, nunca desobedeceu aos seus pais. Ele nunca mentiu, colou no dever de casa ou reclamou de suas tarefas domésticas.

E, à medida que ia crescendo, fielmente proclamava a Palavra de Deus. Certa vez, quando estava em uma cidade chamada Cafarnaum, ele explicava a Escritura em um templo e o povo ficou absolutamente impressionado porque eles nunca tinham ouvido alguém falar com uma autoridade tão clara e intensa (Mc 1.21–22). Com frequência, as pessoas se impressionavam com a maneira ousada, poderosa e precisa como Jesus falava: o Profeta supremo havia chegado, não somente falando a verdade, mas sendo a própria verdade.

Mas Jesus não era somente um profeta. Depois de ter vivido uma vida perfeita, realizou um sacrifício que serviu de ponte sobre o abismo que separa o Deus santo do homem pecador. Mas, em vez de sacrificar um animal pelos pecados, sacrificou *a si mesmo* por todo o povo de Deus – do passado, do presente e do futuro (Jo 17.1-4; Rm 5.8-10). Jesus se tornou o Cordeiro de Deus para consertar o que a humanidade quebrou. O Sacerdote melhor havia chegado.

Mas ele não foi posto no altar pelo poder dos homens. Como um guerreiro, ele foi para a cruz por seu próprio poder e pelo desejo de seu Pai. Ele foi em obediência e enfrentou a batalha que nós não conseguíamos enfrentar, carregou a ira de Deus pelo peso de nossos pecados e depois nos tomou para sermos dele. Definitivamente, o Rei melhor havia chegado.

Mas a questão é a seguinte: se Jesus simplesmente morresse e continuasse morto, nada mudaria. Ele seria simplesmente um profeta religioso como tantos outros de seu tempo, realizando curas e milagres dramáticos, dizendo que iria ressuscitar dos mortos (Lc 24.7, 46), mas permanecendo imóvel debaixo da terra.

Mas Jesus não permaneceu morto. *Jesus está vivo*. Tendo ressuscitado pelo poder de Deus depois de três dias, ele derrotou a Serpente e assegurou a redenção de seu povo – nós, pecadores e separados de Deus (1Ts 1.10). Somente Deus poderia consertar o que nós quebramos no Éden, e foi o que ele fez. Quando Deus prometeu que um herói viria, ninguém percebeu que ele seria o herói.

NOSSA HISTÓRIA

Logo, muito mais agora, sendo justificados pelo seu sangue, seremos por ele salvos da ira. Porque, se nós, quando inimigos, fomos reconciliados com Deus mediante a morte do seu Filho, muito mais, estando já reconciliados, seremos salvos pela sua vida; e não apenas isto, mas também nos gloriamos em Deus por nosso Senhor Jesus Cristo, por intermédio de quem recebemos, agora, a reconciliação (Rm 5.9–11).

E Jesus voltará (Mt 16.27–28). Em um dia que só Deus sabe, ele voltará para trazer o Éden de volta, para restaurar seu povo a um lugar que, na verdade, é *melhor* do que o Éden – uma nova terra onde não haverá pecado, não haverá dor, não haverá sofrimento (Ap 21.1-5). Existiremos para eternamente adorar a Deus, ter comunhão com seu povo e celebrar a vida juntos. Teremos corpos glorificados, sem as máculas do pecado e da morte.

Então, essa história realmente tem um final feliz. O dia terminará com a restauração. Voltaremos para o Éden. Jesus vence. Isso significa que seu povo vence também.

Por que Isso Muda Tudo?

Essa é a história do evangelho. É uma história brilhante, assustadora, gloriosa, de tirar o fôlego, quase boa demais para ser verdade. Quase. Em todos os sentidos da palavra, essa história é a coisa mais verdadeira que seus ouvidos já ouviram e seus olhos já viram. Essa notícia não deve simplesmente produzir uma mudança superficial em sua vida, uma mera concordância mental ou uma curtida no Facebook. É necessário transformar tudo sobre seu modo de vida – a maneira como fala, a maneira como se veste, a maneira como pensa e se relaciona com a cultura, com quem você sai para se divertir, o que você posta nas redes sociais, o que lê, ao que assiste e o que acha engraçado.

O evangelho é transformação de mundo e mudança de paradigma. Nada pode continuar da maneira que era depois que você crê no evangelho. *Por quê?*

Primeiro, porque o evangelho nos mostra quanto o pecado é terrível e a graça é melhor. Por causa do pecado, todo mundo depois de Adão e Eva nasce imperfeito. Por natureza, estamos quebrados e somos rebeldes depravados contra Deus (Rm 3.9-12). Parece duro, mas é verdade. Ninguém nasce amando a Deus. Pelo contrário, nossa inclinação natural é odiá-lo. O evangelho somente é uma boa notícia porque há uma má notícia. A má notícia é que o pecado é real e nós somos pecadores. O castigo por nosso pecado é a morte (Rm 6.23). Rebelamo-nos contra um Deus infinitamente bom, então carregamos o peso de sua ira justa (Rm 1.18; Cl 3.6).

Jimmy Needham retratou isso de maneira surpreendente. Ele disse para você se imaginar amarrado aos trilhos de um trem com a enorme locomotiva da ira de Deus trovejando na sua direção. Você está preso. Você não tem como escapar. Mas há um detalhe: foi você quem amarrou a si mesmo nos trilhos do trem.³ Isso me faz lembrar dos vídeos do "Eu Sou o Segundo".⁴ São vídeos de indivíduos proeminentes que dão testemunho da obra do evangelho em suas vidas. Todos parecem ter duas coisas em comum – todos compreendem (1) que são pecadores e (2) que, antes de Jesus, eles não tinham esperança. Não é possível receber a salvação e a história do evangelho antes de ver o que o pecado realmente é.

Nós éramos maus e estávamos perdidos (Lc 19.10), e o peso do nosso pecado nos esmagou. Mas, quando você vê o horror de seu próprio pecado, é liberto para ver a luz da graça – como a remoção de uma cortina preta em um dia ensolarado. O que é a graça? Graça é recebermos o que não merecemos, é favor imerecido. John McArthur chega a dizer que é mais do que isso. Ele sugere que a graça "não é um mero favor imerecido; é favor concedido a pecadores que merecem a ira... A graça é a soberana iniciativa de Deus pelos pecadores (Ef 1.5-6)".⁵ A graça é Jesus nos salvando.

> Pois conheceis a graça de nosso Senhor Jesus Cristo, que, sendo rico, se fez pobre por amor de vós, para que, pela sua pobreza, vos tornásseis ricos (2Co 8.9)

---

3 "The Story (A Spoken Word)", por Jimmy Needham e Will Hunt, gravado em 2014 em *Vice & Virtue*, NeedHimMusic, http://jimmyneedham.com/music/.
4 Você pode conhecer o trabalho deles em www.iamsecond.com/flms/.
5 MACARTHUR, John. *Moments of Truth: Unleashing God's Word One Day at a Time*. Nashville, TN: Thomas Nelson, 2012.

Levou muito tempo para que eu percebesse que somente as pessoas que sabem que são pecadoras compreendem a graça. Por toda a minha vida, lutei contra meu perfeccionismo. Os perfeccionistas têm um problema com a graça. Pensamos que estamos acima dela. Enganamos a nós mesmos, acreditando que merecemos o sucesso. Mas são os "fracassados", aqueles que têm consciência de que são falhos, os bem-aventurados, pois são humildes o suficiente para reconhecer que a graça é inteiramente imerecida.

Deus tem de matar, repetidas vezes, a perfeccionista que há em mim, para abrir meus olhos à deslumbrante e libertadora verdade da graça. É algo que continua a acontecer. Eu me sobrecarrego com expectativas de alta pressão (por exemplo, na escola, na culinária, no trabalho, naquilo que escrevo) e, quando algo dá errado, eu me puno. Depois, vou lidar com o meu ego ferido, convencendo-me de que, se eu conseguir *fazer* melhor e *ser* alguém melhor, então serei digna.

Mas o caminho destrutivo do perfeccionismo está na contramão do evangelho. Na história de Deus, eu sou indigna. É aí que começa o evangelho. Eu sou o fracasso, o problema, a imperfeita, mas, mesmo assim, Deus me salvou. Ele não me salvou porque eu era digna, mas porque ele era digno. Essa é a verdade que me liberta da escravidão do perfeccionismo das minhas obras para a liberdade da humilde gratidão ao doador da graça (Tg 3.4–8). O evangelho é onde o perfeccionismo morre.

NOSSA HISTÓRIA

Segundo, o evangelho muda as nossas vidas ao nos ensinar que nossos corações têm um só Mestre. Então, os cristãos não são somente seguidores de Jesus; são também adoradores de Jesus. Somos devedores a Deus até a última gota de nossa paixão, serviço e devoção.

Mas nem sempre soubemos disso. Quando começamos a existir, adorávamos a nós mesmos. Todos nascem com pequenos e poderosos tronos em seus corações, que nunca ficam desocupados. Antes de sermos salvos, colocávamos a nós mesmos naquele trono. Estávamos convencidos de que o propósito da nossa existência era deixar feliz o Rei (ou a Rainha) Ego. Mas o evangelho traz uma revolta explosiva contra o Rei Ego, derrubando-o do trono para dar lugar ao Rei Jesus, nosso novo Mestre (Rm 10.9).

Isso exige mudança. Precisamos fazer um retorno completo de 180 graus, precisamos parar de fazer o que fazíamos para agradar a nós mesmos e precisamos começar a viver de maneira que agrade a Deus. Mesmo que isso manche a nossa reputação. Mesmo que isso destrua a nossa popularidade. Mesmo que as pessoas deixem de ser nossas amigas. Mesmo que riam de você. Mesmo que custe caro. *Especialmente* se custar caro.

Esta é a verdade inevitável: nossos corações sempre encontrarão alguma coisa para adorar e isso motivará a maneira como vivemos. Vivemos para aquilo em que nos gloriamos, por aquilo que adoramos. Então, pelo que você vive?

Em última análise, o evangelho nos ensina que não somos dignos de adoração. Por mais agradável que seja pensar que somos, não somos Deus. Antes de sermos salvos, éramos indefesos, desprovidos da graça e totalmente incapazes de salvar a nós mesmos. Jesus não era assim. Jesus foi o ser humano perfeito, Deus em carne, nunca errou. Ele merece ser o nosso Mestre e o nosso Senhor. Ele é aquele que merece tudo. Se Jesus é digno, ele precisa tornar-se o nosso objeto de adoração. Nós agora temos a responsabilidade, como adoradores, de agir de maneira que lhe traga glória, de fazer coisas que tragam fama ao seu nome, de falar sobre a sua justiça e de viver como se fôssemos placas neon que apontam diretamente para ele.

Nossa Nova Cosmovisão

A história de Deus é a nossa história. Vivemos no capítulo que está se desenrolando hoje. Essa história muda tudo. Significa que temos uma nova visão de mundo, ou seja, uma nova maneira de observar tudo ao nosso redor – o bem, o mal, o sofrimento, o pecado, a comunidade, a beleza, a vergonha, o tempo, os relacionamentos. Sua vida será diferente porque você crê nisso. Não há meio de se esquivar. Se o Rei Jesus tomou conta do seu coração, sua vida será uma aventura arriscada e inimaginavelmente grande. É tudo sobre ele. Agora vamos viver em consonância com isso.

NOSSA HISTÓRIA

Nossa história: perguntas para discussão

• Qual é o seu grau de familiaridade com a história de Deus? O que você pode fazer para que ela não deixe de animá-lo e alegrá-lo?

• Defina o que é uma cosmovisão. Por que é tão importante ter uma cosmovisão cristã?

• Por que é necessário ter um padrão bíblico para o pecado? O que o mundo usa para determinar o que é certo e o que é errado?

3
NOSSA COMUNIDADE

O evangelho é a história de Deus do princípio ao fim, e, definitivamente, ele é o herói. Mas existe outra personagem na sua história que ainda não mencionamos. Ela não é popular, não é glamorosa e, às vezes, não é sequer amável. Ela pode ser amarga, crítica, indolente e presunçosa. É uma donzela em sérios apuros. Mas Deus a ama. Ele a ama tanto que enviou seu Filho para morrer por ela.

Quem é ela?

A igreja.

Manuela e a Nova Ideia de "Igreja"

Minha amiga Manuela não tinha o costume de ir à igreja.¹ Sua família nunca frequentava a igreja (exceto em ocasiões raras, como na Páscoa e na véspera de Natal), mas ela não se preocupava muito com isso. Eu a conheci no verão em que eu tinha doze anos e ficamos no mesmo chalé em um acampamento bíblico. Enquanto caminhávamos juntas para o refeitório no primeiro dia, fazíamos perguntas uma para a outra: "Onde você mora?", "Essa é a primeira vez que você vem?", "Você faz parte do clube de teatro?". Mas depois outra pergunta surgiu na minha cabeça. E, a partir de então, tudo foi por água abaixo.

Perguntei: "Qual igreja você frequenta?". Ela fez um movimento estranho e ficou em silêncio por um período desconfortável de tempo. Eu senti que dissera algo errado.

Finalmente, ela respondeu: "Minha família não frequenta a igreja. Temos a nossa própria maneira de fazer as coisas".

Eu fiquei sem saber o que dizer. Em minha ingenuidade, eu nunca tinha conhecido alguém que afirmava amar Jesus, mas ignorava sua igreja. Mas a ideia de Manuela não era incomum. Na verdade, é bem popular, especialmente nos últimos anos. Kelly Bean escreveu um livro inteiro, há

---

1 Neste livro, compartilho lembranças que envolvem alguns familiares, amigos e conhecidos, e eles me autorizaram a relatar a participação que tiveram nas minhas lembranças. Nos casos em que não foi possível pedir autorização, alterei os nomes para proteger a privacidade dessas pessoas. Jake, Peter, Alyssa, Bianca e Logan são personagens completamente fictícios, mas representam adolescentes em situações muito comuns em nossos dias, inclusive muitos que já conheci.

alguns anos, intitulado *Como ser um cristão sem frequentar a igreja: o guia não oficial para formas alternativas de comunidade cristã*. Sua tese era a seguinte: "A boa notícia é que, para ser cristão, não é necessário ir à igreja, mas somente ser a igreja em fidelidade ao chamado de Cristo".[2]

Não me lembro de como respondi na ocasião. Provavelmente balbuciei alguma coisa sem me comprometer ou simplesmente respondi: "Ah, entendi". Mas eu não entendi e continuo sem entender.

Como o Evangelho Muda a Nossa Ideia de Igreja

A razão pela qual não entendo é que creio que, depois de nos salvar, o evangelho nos pega pela mão e nos leva para a igreja (At 2.46-47). O evangelho transforma nossos corações e nos leva a nos unir a uma comunidade do povo de Deus. O evangelho demonstra o amor enorme que Cristo tem pela igreja (Ef 5.24-31) e nos chama para responder com amor pela igreja. É impossível (ou, na melhor das hipóteses, contraditório) amar Jesus e odiar a igreja. Quando somos salvos e passamos a fazer parte da igreja universal (ou seja, os cristãos de todo lugar), temos a responsabilidade de nos unir a uma igreja local.

No mínimo, esse é o padrão da Escritura (At 2.42-47). Leia o Novo Testamento e tente encontrar alguém que não é orientado ou incentivado a fazer parte de um corpo

---

2   BEAN, Kelly. *How to Be a Christian without Going to Church: The Unofficial Guide to Alternative Forms of Christian Community*. Grand Rapids, MI: Baker, 2014, p. 36.

local de crentes. Não é possível encontrar. Você não vai conseguir. A Bíblia mostra que você estaria fragmentado (1Co 12.21-26). O evangelho e a membresia à igreja são inseparáveis. Em Efésios 3, Paulo diz que o evangelho é dado por causa da igreja (Ef 3.10), e conhecer o amor de Cristo unido ao seu povo é um privilégio e uma alegria que temos (Ef 3.19-21). Stephen Nichols escreve exatamente sobre isso: "Quando falamos sobre o que significa ser cristão, temos de falar sobre a nossa vida cristã na nova comunidade remida da igreja. Ninguém é uma ilha".[3]

Isso porque o evangelho é sobre comunidade (Rm 12.4-5). Jesus não morreu somente por um indivíduo; ele salvou um grupo enorme. E ele os salvou para que estivessem todos unidos. Em 1 Coríntios 12, Paulo compara a igreja a um corpo. Alguns são pernas. Outros são olhos. Mas, quando somos independentes, revelamo-nos inúteis. Ele escreve: "Mas os nossos membros nobres não têm necessidade disso. Contudo, Deus coordenou o corpo, concedendo muito mais honra àquilo que menos tinha, para que não haja divisão no corpo; pelo contrário, para que cooperem os membros, com igual cuidado, em favor uns dos outros. De maneira que, se um membro sofre, todos sofrem com ele; e, se um deles é honrado, com ele todos se regozijam" (1Co 12.24-26).

---

[3] NICHOLS, Stephen. *Welcome to the Story: Reading, Loving, and Living God's Word*. Wheaton, IL: Crossway, 2011, p. 65.

NOSSA COMUNIDADE

Juntos. Essa é a palavra tema da igreja. Veja como a Escritura enfatiza essa ideia.

> Cultuamos juntos (Hb 12.28).
> Aprendemos juntos (1Tm 4.13).
> Temos comunhão uns com os outros (1Jo 1.7).
> Servimos juntos (Gl 5.13).
> Amamos juntos (Jo 15.12).
> Compartilhamos uns com os outros (At 2.45).
> Celebramos e sofremos juntos (Rm 12.14–15).
> Cantamos juntos (Sl 149.1).
> Doamos juntos (2Co 9.7–13).

Quando nos unimos a uma igreja local, estamos nos unindo a uma família. E essa família tem um vínculo mais forte, mais duradouro e maior do que o de sangue. Estamos unidos pelo evangelho. Estamos juntos.

O Evangelho Muda o que Fazemos na Igreja

Há alguns anos, saiu um artigo na *USA Today* cujo título era: "Adolescentes Dizem à Igreja: Esqueçam as Festas com Pizza". O artigo cita Thom Rainer, que, na época, era o presidente da *Lifeway Christian Resources*: "Os dezesseis anos não são o ponto ideal para as igrejas. Essa é a idade em que muitos adolescentes abandonam a escola. Há uma década, os adolescentes começavam a frequentar o grupo de jovens da igreja por causa das brincadeiras, do entretenimento e para comer pizza. Eles não estão indo nem mais por causa da pizza. Eles dizem: 'Não vemos a igreja como algo relevante, pois não atende às nossas necessidades ou àquilo que precisamos ser hoje'".[4]

Esse artigo lamenta o fato de os adolescentes modernos estarem muito ocupados e, consequentemente, negligenciarem a igreja. Mas eu vejo um problema maior em jogo – as igrejas estão compartimentadas. Muitos adolescentes cristãos são empurrados para um grupo de jovens com colegas da mesma idade; ali, recebem pizza, jogos e, depois, são enviados de volta para casa sem nenhum convite ou boas-vindas para que façam parte da comunidade mais ampla da igreja. Na minha antiga igreja no Texas, todos os adolescentes sentavam juntos durante o culto de domingo, nunca com as suas famílias, e interagiam quase exclusivamente uns com os outros. Isso é triste!

É quase como se os adolescentes que seguem Jesus fossem levados a crer que não fazem realmente *parte* da igreja; que são somente servidos por ela. Mas, se o único propósito de irmos à igreja é resolver os nossos problemas, temos, na verdade, um grande problema. A verdade é que, se fazemos parte do corpo, temos responsabilidade em relação ao corpo inteiro. Se nós, adolescentes, amamos Jesus, devemos ter compromisso com toda

---

4   Cathy Lynn Grossman e Stephanie Steinberg, "Adolescentes Dizem às Igrejas: Esqueçam as Festas com Pizza'", *USA Today*, 11 de agosto de 2010, http://usatoday30.usatoday.com/news/religion/2010-08-11-teenchurch11_ST_N.htm.

a sua igreja. Deus não chama os jovens para frequentar a igreja como se fossem espectadores; ele nos chama para participar.

Não importa se você tem treze, dezenove, trinta e cinco ou oitenta anos, fazer parte da igreja não significa que você está lá só por causa de si mesmo. Se você é um seguidor de Jesus, isso significa que está lá para amar sua igreja, servi-la, cultuar com ela e prestar contas a ela. É claro que talvez existam regras técnicas que impedem os adolescentes de fazer coisas como votar ou de ter o título oficial de "membro", mas não há cristãos de segunda classe ou membros da igreja de segunda classe. A idade não divide. Todos nós somos a igreja. Isso significa que há responsabilidades comuns a nós todos.

Somos Chamados para Amar a Igreja

Acho que a minha igreja é ótima. Sei que sou suspeita para falar e sei que eles não são perfeitos, mas eu os amo. E eu os amo porque os conheço. O evangelho nos conduz aos braços de uma família, não a um clube social superficial (Hb 10.24-25). Bem ou mal, estamos nisso juntos.

Aqui vai um exemplo disso. Próximo ao fim do ensino médio, eu tinha que fazer algumas provas importantes. O local das provas ficava a três horas de distância e todas eram complexas e desgastantes. Eram provas muito importantes. Então, quando fui aprovada, minha família da igreja se alegrou comigo. Havia membros me ligando e enviando mensagens para me parabenizar, parando-me para perguntar como fora e, o mais importante, eles oravam por mim.

O outro exemplo não é tão feliz assim. Minha mãe tem muitos problemas de saúde. Enquanto escrevo isso, estamos no início da tarde e ela está na cama descansando, medicada e sentindo dor. Ela está assim há três semanas. É desencorajador para ela e difícil para a minha família. Mas nesses momentos de dificuldade é que a minha igreja estende a mão com imenso amor e compaixão. Há algumas noites, foi entregue em nossa porta um jantar improvisado de carne-assada. Recebemos telefonemas, mensagens de texto e e-mails encorajadores simplesmente para checar como estamos. As pessoas estão constantemente orando por nós. Estão sempre perguntando: "Como podemos ajudá-los? O que podemos fazer para demonstrar melhor o nosso amor?".

E nós somos um grupo bastante diversificado, uma maravilhosa mistura de diferentes personalidades, perspectivas, idades e profissões. Se não fosse Jesus e a membresia à igreja, nunca teríamos nos conhecido e não seríamos tão próximos. Mas a nossa ligação com Cristo desbanca todas as outras coisas.

No entanto, nem sempre é fácil amar a igreja. Às vezes machucamos uns aos outros. Às vezes dizemos coisas sem pensar ou coisas desanimadoras. Às vezes há conflitos. Às vezes ofendemos uns aos outros e pecamos uns contra os outros. Mas, apesar de tudo isso, somos todos a família de Deus, e isso significa que escolhemos buscar o perdão, a reconciliação e a paz uns com os outros. Você não pode deixar a sua família só porque não está a fim de lidar com os seus problemas. Famílias exigem esforço.

Amar a igreja significa ter comunhão com ela. Meu amigo Nick diz que ter comunhão com a igreja dele é um dos pilares de sua vida espiritual. Não significa que todos que estão lá sejam seus melhores amigos. (Introvertidos, podem se alegrar!) Significa que ele se esforça para encorajar, abençoar e passar algum tempo (mesmo um pouco) com cada pessoa. Isso pode significar puxar assunto com um idoso que se senta sozinho. Pode significar perguntar a uma mãe como foi a sua semana. Pode significar tornar-se um ombro inesperado para alguém chorar.

A maneira mais fácil de amar a igreja é simplesmente aparecendo por lá. Parece fácil, mas a maioria de nós não tem ideia do que a nossa simples presença significa para aqueles que nos cercam. Sua família da igreja é genuinamente encorajada por sua presença. Minha amiga Kyra já falou sobre isso. Ela tem dezesseis anos e é filha de um pastor em Ontário, no Canadá. "Você dificilmente encontra adolescentes na igreja que querem estar lá", disse ela. "Por isso é tão importante ir à igreja e encorajar os mais velhos em sua congregação ao mostrar que ainda existem jovens que se importam."

Adolescentes dão vida especial à igreja. Trazemos paixão e uma perspectiva única. Trazemos entusiasmo e serviço. Trazemos o desejo de aprender e queremos crescer.

Trazemos zelo, alegria, amor pela justiça e uma profunda compaixão pelos que vivem às margens da sociedade. Nós somos o futuro da igreja.

Nos últimos anos, com a quantidade de estudos populares sobre adolescentes deixando a igreja em massa, sua igreja deve alegrar-se por você ser uma exceção. Eles provavelmente sabem que não são "legais" aos olhos de outros da sua idade, e isso faz com que a sua frequência, o seu envolvimento e o seu amor tenham uma importância maior para eles.

Amar a igreja também significa orar uns pelos outros. Você ora pelo seu pastor? Para que ele se sinta encorajado e tenha discernimento, ousadia e compaixão? Você ora pelos seus professores de escola dominical? Você ora pelos alunos cansados da faculdade, pelo pai que tem uma doença crônica ou pela grande família que precisa de ajuda? Você ora para que Deus edifique sua igreja e a faça crescer para a glória dele? Você ora pelas finanças de sua igreja? Você ora pelos missionários que a sua igreja apoia? Você ora pelas crianças, pelos empregados, pelos empregadores e pelos aposentados? Você ora por crescimento espiritual? Você ora por alegria?

Enquanto escrevia esse último parágrafo, eu me senti um pouco confrontada. Porque eu não faço isso. Eu oro por algumas dessas coisas – às vezes, normalmente quando é algo que me afeta. Mas a igreja envia um e-mail com pedidos de oração toda semana e, por mais fácil que seja, eu nem sempre oro pela lista que eles mandam. Mas estou aprendendo que a igreja cujos membros amam uns aos outros também tem membros que oram uns pelos outros. Escreva o nome e as necessidades de cada família em um bloco de notas ou crie uma lista. Seja como for, ore. Ore e ame.

Parei de escrever e passei alguns minutos orando pelas necessidades da minha família. Talvez você deva parar de ler e fazer o mesmo.

Somos Chamados Para Servir a Igreja

Christopher tem vinte anos e serve sua igreja no ensino e na organização do clube das crianças, conduzindo os cultos ou as reuniões de oração. Berea tem dezesseis anos, toca violino no culto em sua igreja e frequenta as reuniões de oração das mulheres. Rachel tem dezessete anos, canta no coral de sua igreja, está envolvida com o grupo de jovens e ensina no ministério AWANA. Seth tem dezesseis anos e serve saudando novas pessoas e se envolvendo em tudo que consegue.

Essas pessoas são só seguidores comuns de Jesus que eu sei que o amam e também amam a igreja. E o serviço que prestam faz todo sentido. Se o amor é o fundamento do nosso relacionamento com a igreja, o desejo de servir florescerá naturalmente.

Ao longo de toda a Escritura, somos chamados para servir aqueles que nos cercam (1Pe 4.10; Gl 5.13; Rm 12.1–

17). A maneira de servir sua igreja será diferente dependendo do tamanho, do que eles precisam e permitem, de quem você é e do que sua família precisa. Como todo ato piedoso, é algo que começa no coração, olhando para as motivações e os desejos dentro de si. O serviço aceitável não é somente o que você faz; é por que e como faz.

MANEIRAS DE SERVIR NA SUA IGREJA

- Cuidar da propriedade ou limpar
- Mentorear ou incentivar as crianças mais novas
- Visitar alguém que está doente
- Passar algum tempo conversando com um membro mais velho
- Tocar um instrumento no culto
- Realizar tarefas domésticas de graça para os membros mais velhos ou necessitados
- Ser um recepcionista
- Fazer cartões de aniversário
- Ensinar na escola dominical
- Fazer comida para compartilhar
- Oferecer suporte técnico
- Trabalhar no escritório ou ajudar com a administração

- Escrever um bilhete para encorajar o seu pastor
- Cuidar dos seus irmãos

Em seguida, olhe para os seus dons. Todos nós temos dons e recursos distintos. Meu amigo Kévin mora na França e enfatizou para mim a importância disso. Ele me disse que a base do serviço de todo jovem cristão deve ser o "prazer em Deus", mas que isso deve nos levar a identificar os dons específicos que Deus nos deu para agir com base neles. A igreja desmoronaria se todos quisessem servir exatamente da mesma maneira. Converse com seus pais ou sente com seu pastor (ou faça as duas coisas!) e olhe para o seu tempo e para os seus talentos, a fim de descobrir como você pode servir.

Há uma montanha de ideias, mas vou citar apenas algumas aqui. Você pode cortar a grama da igreja ou ajudar a limpar o edifício para que o zelador ou o pastor não tenham de fazer isso. Você pode visitar alguém que está no hospital ou doente em casa. Você pode tocar um instrumento no culto. Você pode trabalhar na mesa de som ou oferecer suporte técnico. Você pode dobrar os boletins ou ser voluntário no escritório. Que tal ajudar com o site da igreja ou nas redes sociais? Talvez você possa dar aulas na Escola Dominical. Você pode se oferecer para limpar gratuitamente a entrada da garagem de um membro idoso ou para passar a tarde com o filho de uma mãe solteira para que ela possa ter esse tempo livre. Se você for criativo, pode fazer cartões de aniversário. Se você souber cozinhar, pode fazer biscoitos para animar alguém. Já pensou em procurar aqueles que são mais jovens do que você para perguntar como está a caminhada espiritual? Talvez existam crianças que você possa mentorear. Outra sugestão é escrever um bilhete de encorajamento para o seu pastor. Talvez você tenha uma grande família e o maior serviço que possa fazer é tomar conta dos seus irmãos para os seus pais.

Em suma, você serve quando é bondoso com os outros. Ashley é minha conhecida e realmente entende bem isso. Às vezes ela senta com outros membros da igreja simplesmente porque estão sentados sozinhos. Ela se importa com as pessoas e, atenciosamente, lembra-se das pequenas coisas a respeito delas. Ashley serve de maneiras tão pequenas e maravilhosas que é difícil lembrar todas elas. Para servir, não é necessário cantar com holofote ou fazer alguma coisa que chame a atenção. Às vezes significa simplesmente trocar uma fralda, conversar com um visitante ou segurar um bebê que está correndo. Às vezes significa fazer alguma coisa suja, simples ou chata nos bastidores. E eu acredito que essas são as mais belas maneiras de servir.

Você se lembra do que Jesus disse em Mateus 6.1? Ele deu um aviso àqueles que só querem servir por causa do reconhecimento público e do lucro egoísta: "Guardai-vos de exercer a vossa justiça diante dos homens, com o fim de serdes vistos por eles; doutra sorte, não tereis galardão junto de vosso Pai celeste". Em vez disso, diz ele, Deus recompensa o serviço secreto do servo humilde (Mt 6.4).

Somos Chamados para Adorar com a Igreja

Enquanto estou escrevendo, é o aniversário de 470 anos da morte de Martinho Lutero, o reformador protestante. Lembro-me das palavras que certa vez ele disse sobre a adoração: "Em casa, na minha própria casa, não há calor ou vigor em mim, mas na igreja; quando a multidão está reunida, um fogo é aceso em meu coração e abre caminho".[5] Martinho Lutero entendia que nós adoramos a Deus de maneira especial quando estamos reunidos em uma igreja local.

Gosto de pensar que a adoração pública é o mais perto que chegaremos do céu enquanto estivermos aqui na terra. Pense nisso. Em nossos cultos, desfrutamos da comunhão do povo de Deus, cantamos louvores a Deus juntos, ouvimos sua Palavra sendo lida e ensinada, doamos, servimos e celebramos sua glória juntos. Isso parece muito com o céu.

As pessoas sempre são rápidas para corrigir a ideia das crianças pequenas de que o céu será simplesmente um culto que nunca acaba. As crianças normalmente ficam assustadas diante dessa ideia. Elas pensam: *O que poderia ser mais chato?* Mas, embora seja verdade que a eternidade não

---

5 Martinho Lutero, citado em David Mathis, "Acenda o Fogo no Culto Público", desiringGod.org, 19 de maio de 2014, http://www.desiringgod.org/articles/kindle-the-fre-in-corporate-worship.

será um culto que nunca acaba, se nossos cultos são comunidades de adoração cheias de alegria, isso não deveria ser um vislumbre do céu? E isso não deve nos deixar animados? Não devemos nos alegrar por adorar a Deus?

O evangelho deve transformar a nossa ideia de culto do domingo de manhã, de uma obrigação monótona para um momento de alegria. Se a adoração é algo que deve existir em nossa vida durante toda a semana, o domingo não pode ser visto como uma obrigação da qual precisamos nos livrar. Deve ser uma resposta da comunidade à glória, à beleza e ao trabalho de Deus em nossa vida.

Mas a adoração não é algo que acontece simplesmente por frequentarmos a igreja. Talvez você "tenha" de frequentar o culto (ou simplesmente se sinta obrigado), mas limitar-se a sentar no banco não é o que faz a verdadeira adoração. Acho que nós que crescemos na igreja somos os que mais enfrentamos problemas com isso. Já frequentamos muitos cultos. Foi martelado em nossas cabeças que o domingo de manhã é obrigatoriamente equivalente à adoração. Eu tive de aprender que simplesmente não é assim. Não foi um único momento de descoberta, mas uma mudança gradual de minha perspectiva. Sermão após sermão, a verdade da Palavra de Deus me fez compreender que todos os atos externos de culto em uma igreja precisam começar no coração. A adoração correta começa com o pensamento correto.

E às vezes temos de consertar nossos corações.

NOSSA COMUNIDADE

Existem domingos em que chego à igreja rabugenta porque briguei com o Travis antes do café da manhã, exausta porque dormi mal à noite ou desanimada por causa das circunstâncias, e a ideia de culto são só palavras e barulho. Meu foco está em mim mesma, não em Deus, e esses são os dias em que preciso refletir sobre a minha adoração.

É quando tenho de tirar os olhos do meu pecado, da minha ingratidão, da minha falsidade e colocá-los na beleza de Deus. Em meu pior dia, ele é sempre e absolutamente digno de adoração. Eu preciso me arrepender e me humilhar, reconhecer que não mereço adorar a Deus, não mereço estar respirando nessa manhã e não mereço ir à igreja. Mas eu tenho esse privilégio.

Cantar hinos, ouvir sermões, tomar a ceia do Senhor e dar ofertas são somente atos externos de uma realidade interior – Deus salvou pecadores indignos para sua glória. E o resultado disso deve ser um culto feliz! Ir para a igreja aos domingos por mera obrigação não é adorar; é uma tradição. E tradições não mudam a vida de ninguém.

Então, prepare seu coração para o culto. Leia, cante, estude e se aprofunde na Escritura durante a semana. Tente preparar-se para o sermão ao ler antecipadamente o texto que será pregado no domingo. Às vezes, nas noites de sábado, escuto ou assisto a um sermão para me lembrar da alegria da Palavra de Deus. Com frequência, nos devocionais de família aos sábados, meu pai pergunta se alguém cometeu algum pecado contra outro membro da família que precise ser tratado. A adoração acontece quando nossos corações estão corretos uns com os outros.

Nas manhãs de domingo, adoro escutar a música que move meu coração, a fim de refletir sobre a grandeza de Deus em relação a artistas como Sovereign Grace Music, Keith e Kristyn Getty e Matt Papa. Também devemos orar pelo culto. A família da minha amiga Cassie tem uma "rua da oração" a caminho da igreja. É uma rua comum por onde eles passam quando vão para a igreja. Quando chegam, eles param de conversar e passam alguns minutos orando juntos pelo culto. Por que você não experimenta fazer isso?

Somos Chamados a Prestar Contas à Igreja

Todos sabemos que o pecado é fácil quando cedemos à tentação. O que nem sempre percebemos é que a tentação nos cerca todos os dias, especialmente no mundo digital em que vivemos. O pecado é tão fácil quanto apertar a tecla "Enter" ou clicar em "Curtir". O pecado é tão fácil quanto rir de uma piada suja ou permanecer em silêncio diante da injustiça. O pecado é tão fácil quanto tirar uma nota C quando você poderia ter tirado nota A ou eximir-se de suas responsabilidades sob a justificativa de ser jovem. O pecado é fácil e está à sua espera. O apóstolo Pedro escreveu as seguintes palavras, de causar arrepio: "Sede sóbrios e vigilantes. O diabo, vosso adversário, anda em derredor, como leão que ruge procurando alguém para devorar" (1Pe 5.8).

NOSSA COMUNIDADE

Por essa razão, a prestação de contas é essencial (Tg 5.19-20). A prestação de contas é um componente significativo da igreja, mas também é algo terrivelmente mal compreendido, especialmente pelo mundo de fora. As pessoas pensam que a prestação de contas significa que a igreja policia as pessoas, esperando para apontar um dedo na sua cara com a alegria de poder julgar. De uma forma irônica, essas pessoas deixam de perceber que a prestação de contas é, na verdade, o contrário – é um derramamento de graça. É uma implicação cintilante do evangelho. É a maneira de a igreja dizer: "*Escuta aqui, mundo. Nós odiamos o pecado e amamos a santidade*". É algo que se desenvolve a partir da comunidade e está fundamentado no amor.

Para o adolescente cristão em uma família cristã, a prestação de contas deve começar inicialmente em casa. Se há um pecado sem arrependimento em minha vida do qual não tenho consciência, sei que meus pais vão falar comigo antes da igreja. Inevitavelmente, a igreja desempenhará um papel maior na prestação de contas na vida do adolescente cristão que faz parte de uma família que não é salva ou do jovem que está longe da família (por exemplo, na universidade ou em um internato). Todos nós precisamos de pessoas que nos amam a ponto de nos proteger. Por outro lado, também precisamos cuidar dos membros de nossa família da igreja com amor. Prestação de contas não significa que somente os "idosos" supervisionam os "jovens". Envolve todos se ajudando em santidade.

Prestação de contas, contudo, não significa procurar pelo em ovo. Significa promover a honestidade, a verdade e o comprometimento para obedecer a Cristo acima de tudo. A prestação de contas não vem até mim somente quando estou pecando; é a prática indireta de buscar a santidade. Quando ouvimos a pregação do evangelho, lemos a Bíblia, oramos juntos, cantamos juntos, desfrutamos de comunhão mútua, estamos crescendo em santidade. Esse é o centro e a força vital da prestação de contas, e, portanto, é necessário que ela aconteça na igreja o tempo todo. A igreja simplesmente sendo igreja é um bom exemplo de prestação de contas, pois é fundamentalmente sobre o desejo de obedecer. A Igreja Batista Bethlehem escreveu o seguinte sobre prestação de contas na igreja:

> A membresia na igreja não envolve uma expectativa de vida perfeita. Em vez disso, a membresia na igreja é o compromisso de adorar e ministrar no corpo de crentes, em que os membros pactuam prestar contas uns aos outros, buscando obedecer àquilo que a Escritura ensina.[6]

A Igreja é para Toda a Nossa Vida

Um dos meus artigos favoritos de todos os tempos publicado em TheRebelution.com chama-se "Aquilo que os

---

6 Equipe da Igreja Batista Bethlehem, "O Significado da Membresia na Igreja e a Prestação de Contas", desiringGod.org, 1 de fevereiro de 2001, http://www.desiringgod.org/articles/the-meaning-of-membership-and-church-accountability.

NOSSA COMUNIDADE

Cristãos Frequentemente Negligenciam quando Escolhem uma Faculdade". Se você ainda não leu, deve ler. Melody Zimmerman estava no segundo ano da faculdade quando escreveu esse artigo, e chamou a atenção para um grande problema – quando adolescentes cristãos estão procurando uma universidade, aquilo que frequentemente negligenciam é a igreja. Eles escolhem a universidade e, só depois, procuram uma igreja. Ou chegam à universidade e pulam de igreja em igreja sem se comprometer. Ela escreve: "Se realmente estivermos buscando nos integrar completamente ao corpo de Cristo, algo que envolve tanto o que podemos receber como o que podemos oferecer, devemos refletir sobre que igreja frequentaremos quando estivermos decidindo onde queremos estudar".[7]

Acho que a perspectiva dela é brilhante, mas também é surpreendentemente fora do comum. Muitos de nós estamos naquela idade em que nos vemos em meio a uma enxurrada de conselhos sobre faculdades. As pessoas estão nos dando conselhos, nós estamos nos inscrevendo para visitas e descontos, a caixa do correio está cheia de panfletos, professores e conselheiros nos apontando diretrizes e nossos pais nos ajudando a preencher os formulários. Mas quase ninguém está falando sobre a importância de se levar em consideração a igreja local. Com frequência, é algo deixado em segundo plano, algo sobre o qual só se pensa depois.

---
[7] Melody Zimmerman, "Aquilo que os Cristãos Frequentemente Negligenciam quando Escolhem uma Faculdade"; The Rebelution (blog), 16 de março de 2015, http://therebelution.com/blog/2015/03/one-thing-christians-often-miss-when-picking-a-college/.

Mas e se escolhermos a faculdade *por causa* de uma igreja? E se deixarmos que a igreja seja o fator decisivo? E se visitássemos as igrejas além de visitarmos as faculdades?

Até no meio cristão, essa seria uma ideia bem radical. Mas por quê? Você precisa da igreja para crescer e amadurecer como um seguidor de Jesus. Se você vai se mudar para outro lugar para frequentar a faculdade, procure fazer parte de uma comunidade local de crentes. Lembra-se do que foi dito sobre prestação de contas? Se você se mudou para longe do seu pai e da sua mãe e se não tem nenhuma igreja nas proximidades, a quem vai prestar contas? É muito fácil desviar-se para o pecado na faculdade.

Passe a refletir sobre isso. Você precisa de uma igreja local. Você precisa da prestação de contas, do amor, do serviço e da adoração deles. E eles precisam de você.

Sendo a Igreja Juntos

No último domingo, tivemos um almoço de comunhão depois do culto. Heather trouxe suas almôndegas havaianas, Carla trouxe sua caçarola de queijo, Ashley trouxe seu feijão com arroz. Crystal preparou uma salada Caesar com bacon teriyaki. Havia lasanha e três tipos diferentes de biscoitos, caçarola de feijão-verde e uma espécie de frango indiano. Para a sobremesa, havia morangos com chocolate, meus bolinhos, o bolo de abacaxi invertido da Heather e os enormes cookies com gotas de chocolate da Darlene. Mas a comida não era tão importante assim. Estávamos lá por

NOSSA COMUNIDADE

causa das pessoas.

    Nós sentamos e comemos juntos, e ficamos bebendo café e tomando ponche de frutas muito tempo depois de nossos pratos já estarem vazios. Rimos e conversamos uns com os outros. Depois, todos juntos limpamos tudo. Meu avô varreu o chão, enquanto meu pai, Travis, Alan e Jacob fecharam as mesas. Joanne, Dawn e Heather limparam, dobraram as toalhas de mesa e embalaram as sobras, enquanto minha mãe lavou a louça. Outros empilharam as cadeiras e levaram o lixo para fora, enquanto Lynnette e Willa reuniram as crianças e juntaram os sacos com fraldas.

    Foi divertido. Realmente foi. Nós simplesmente vivendo juntos as nossas vidas. Comer é uma parte bem simples, mas profunda, da vida no mundo de Deus. E todos nós estávamos lá, comendo juntos e desfrutando da alegria de sermos a família de Deus. Nossas idades não nos dividiram. Os mais velhos não eram os cristãos de primeira categoria, assim como os adolescentes não eram o degrau mais baixo. Todos nós éramos a igreja.

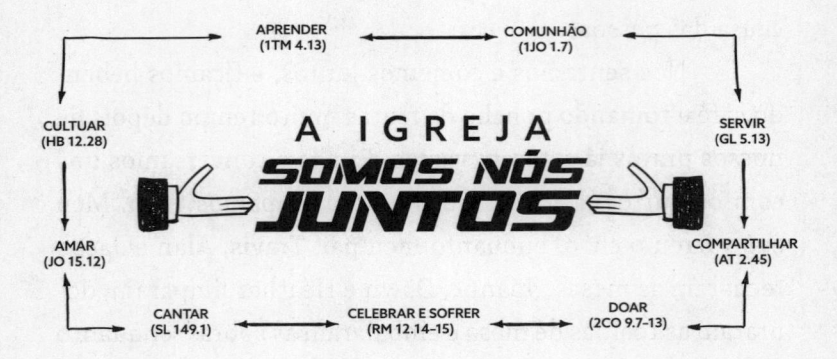

```
           APRENDER          COMUNHÃO
           (1TM 4.13)        (1JO 1.7)

CULTUAR        A  I G R E J A           SERVIR
(HB 12.28)     SOMOS NÓS                (GL 5.13)
               JUNTOS
AMAR                                    COMPARTILHAR
(JO 15.12)                              (AT 2.45)

        CANTAR    CELEBRAR E SOFRER    DOAR
        (SL 149.1)  (RM 12.14-15)      (2CO 9.7-13)
```

Certa vez, Francis Schaeffer disse algo que me marcou. "Se a igreja for o que deve ser, os jovens estarão lá. Contudo, eles não apenas 'estarão lá' – eles se farão presentes ao som de trombetas e ao clangor de címbalos retumbantes; eles virão com danças e flores no cabelo."[8] A igreja precisa dos jovens, mas os jovens também precisam da igreja. O evangelho não nos salva para que sejamos solitários. O evangelho nos salvou para que investíssemos na igreja e para que a igreja investisse em nós.

Eu queria poder voltar àquele verão em que conheci Manuela, para vê-la novamente. Eu gostaria de abraçá-la e dizer, da maneira mais gentil possível, que ela está errada. Nenhum cristão pode simplesmente fazer as coisas do seu próprio jeito. Você precisa da igreja porque Jesus nos deu a igreja. Você precisa da igreja porque ela é a sua família.

Manuela, ninguém é uma ilha.

---

8 SCHAEFFER, Francis. *A Igreja do final do século vinte*. Viçosa, MG: Ultimato, 1995.

NOSSA COMUNIDADE

Nossa comunidade: perguntas para discussão

• Você sabe qual é o processo de membresia na sua igreja? Você já buscou o batismo e a membresia na igreja? (O processo é bem diferente em muitas denominações cristãs ortodoxas, então sugiro que você converse a esse respeito com seus pais e com seu pastor.)

• Quando você reflete sobre os servos humildes de sua igreja, o que lhe vem à mente? De que maneira você pode aprender com o exemplo deles e trabalhando com eles?

• A ideia de prestar contas à igreja é nova? Como essa ideia de saber que a igreja é responsável por você muda sua maneira de pensar sobre o pecado?

4
NOSSOS PECADOS

Jake tem dezessete anos e ama Jesus mais do que tudo na vida. No ano passado, ele começou um estudo bíblico em sua escola e agora está tocando bateria na equipe de louvor de seu grupo de jovens. Porém, recentemente, ele começou a ter dúvidas. Quando ele foi salvo, estava certo de que o evangelho iria transformá-lo. Mas Jack continua a ver o pecado invadindo sua vida e começou a crer que cristãos de verdade não enfrentam tantas lutas quanto ele. Ele se pergunta se é realmente salvo.

Alyssa estava com a noite inteira planejada. Ela e sua melhor amiga vão pegar emprestado o carro de seus pais (com a permissão deles, é claro), vão comer uma pizza e depois vão ao cinema assistir a um filme que estão querendo ver há muito tempo. Mas hoje, na igreja, sua mãe disse que havia algo diferente planejado para ela. Um casal de missionários vai passar uma noite com eles e ela quer que Alyssa fique em casa para ajudar a servir. Alyssa fica frustrada, responde à sua mãe com indignação, vira as costas e sai andando. O casal que estava no banco da igreja atrás dela riu da situação. O homem sorriu envergonhado para a mãe de Alyssa. "A adolescência é assim", disse ele.

Peter tem treze anos e estava de bom humor quando foi à igreja na semana passada. A chuva começou a cair no telhado e ele se reuniu a um grupo de homens ao lado da mesa do café. Um porteiro olhou para o lado de fora da janela e franziu os olhos. "Odeio chuva." Um segundo homem concordou. "Eu também. Haverá menos pessoas na igreja; haverá uma corrente de ar dentro do edifício. Aposto que também vai vazar água no sótão." Peter franziu o rosto. Eles estavam certos. Ele se aproximou – a previsão do tempo dizia que continuaria a chover pelos próximos três dias. Quando todos suspiraram, Peter também suspirou e seu bom humor desceu pelo ralo. *Péssimo*.

O pai de Bianca é pastor, e ela ama o Deus que seu pai ensina com a mesma paixão que ele. Mas, há dois anos, uma amiga da escola mostrou-lhe fotos inapropriadas no telefone. Bianca gostou do que viu, mas tentou suprimir o sentimento e não contou aos pais. Afinal, pornografia é um pecado que somente os homens cometem, não é? Ela não contou aos pais quando começou a buscar essas fotos sozinha. Agora se encontra paralisada pela vergonha, mas está convencida de que seus pais nunca entenderiam.

Lidando com o Pecado Hoje

Quando nos dizem que o evangelho nos transformará, isso é verdade. Seguir Jesus realmente muda tudo. Sua vida é revirada de cabeça para baixo e você caminha em uma nova direção, com novas motivações e desejos – incluindo a maneira como vemos o pecado. Deixamos de amá-lo; em vez disso, devemos odiá-lo e lutar contra ele (Rm 8.13; Cl 3.5). E é fácil odiar o pecado quando ligamos a TV e vemos lunáticos violentos ou terroristas de sangue frio – ou quando vemos pecados públicos e escandalosos estampados na primeira página do jornal. É claro que, como cristãos, odiamos assassinato, aborto, adultério e todos os outros pecados bizarros que o mundo celebra. Sabemos que não vivemos para esse reino e que não caminhamos numa estrada fácil.

Mas, como seguidores de Jesus, também temos um mandamento e a responsabilidade de odiar os pecados menores, os pecados que até os cristãos começaram a esperar que os adolescentes cometam, os pecados que se tornaram tão comuns que são empurrados para debaixo do tapete e são praticamente levados na brincadeira. Para conseguirmos fazer isso, precisamos, primeiro, reconhecê-los como pecados. E é nesse ponto que, em geral, ficamos cegos.

O homem que riu da frustração e da irritação de Alyssa não percebeu que ela estava abertamente desonrando sua mãe. Os homens que reclamaram com Peter sobre o clima não perceberam que estavam descontentes com aquilo que Deus tinha dado a eles. A igreja que não fala sobre a luxúria feminina não percebe que está deixando Bianca sozinha. Quando temos vergonha de compartilhar o evangelho, é porque estamos com vergonha de Jesus. Quando amamos compartilhar a "notícia" de alguém, não percebemos que estamos fofocando. Quando nos esquivamos da verdade para fazer uma história parecer mais emocionante, não percebemos que estamos mentindo. Quando nos sentimos inseguros, não percebemos que estamos sendo ingratos a Deus. Quando ficamos ansiosos por causa do futuro, não percebemos que estamos escolhendo não confiar em Deus.

Esses pecados "esperados e comuns" representam bloqueios ameaçadores no caminho dos cristãos. Eles podem passar pelo ponto cego e se introduzir pelas brechas de nossa vida para florescer sem serem vistos. Se não lutarmos contra isso, o efeito sobre nós será venenoso. Por isso John Owen disse: "Mate o pecado ou ele o matará".[1]

---

1   OWEN, John. *A mortificação do pecado*. São Paulo: Editora Vida, 2005.

NOSSOS PECADOS

Somos Salvos do Pecado (em outras palavras, a justificação)

Mas a única razão pela qual conseguimos matar o pecado, a única razão pela qual podemos ter vitória sobre esses pecados diários, é porque Cristo obteve a vitória absoluta sobre o pecado. Por causa dele, somos declarados justos diante de Deus. Isso se chama *justificação*. Em um instante, Jesus tomou o nosso pecado – todos eles, cada manchinha feia – e o castigo que merecíamos – a ira completa e total de Deus – e assumiu o nosso lugar. Ele foi condenado em nosso lugar, o inocente no lugar dos ímpios. Deus removeu a nossa culpa e nos transformou em seus filhos. Paulo disse à igreja em Roma: "Sendo justificados gratuitamente, por sua graça, mediante a redenção que há em Cristo Jesus" (Rm 3.24).

Em seu livro *Entenda a fé cristã*, Wayne Grudem explica a justificação da seguinte maneira: "Os pecados dos justificados são considerados perdoados porque Deus considerou seus pecados como sendo de Cristo, e Cristo já pagou a pena por esses pecados. Mas Deus não somente considera esses pecados como sendo de Cristo; também considera a justiça de Cristo como sendo nossa".[2]

Existem dois resultados tangíveis (e maravilhosos) da justificação que eu quero mostrar. O primeiro é que não há mais condenação para nós (Rm 8.1). Houve um tempo em que estávamos condenados, sentenciados ao inferno.

---
2 GRUDEM, Wayne. *Entenda a fé cristã*. São Paulo: Vida Nova, 2010.

Era isso que o nosso pecado merecia e era esse o castigo apropriado para o que merecíamos. Mas depois, em uma demonstração extravagante de graça, Deus removeu seu juízo de nós.

Em *O peregrino*, John Bunyan pinta um retrato de como isso funciona na vida real. Ele descreve aqueles que estão sob condenação vivendo em uma cidade chamada "Cidade da Destruição". É um lugar badalado, agitado, imprudente, mas o local inteiro está debaixo do peso do juízo vindouro. Quando alguém é salvo, Bunyan descreve essa pessoa como imediatamente fugindo da Cidade da Destruição. Isso espelha a verdade de que, quando somos salvos, a condenação é removida de nós para sempre – ou melhor, nós somos removidos da condenação. Nós deixamos a Cidade da Destruição e somos impedidos de voltar. Você não pode deixar a cidade pela metade. Você não pode trilhar um novo caminho e, ao mesmo tempo, continuar com um pé naquela cidade. Nossa justificação é um contrato vinculativo e indestrutível. Os seguidores de Jesus não vão para o inferno de jeito nenhum.

Um segundo benefício da justificação é que não há mais culpa para nós. Essa verdade traz alívio profundo para mim. Sou do tipo que se apega ao sentimento de culpa por mais tempo do que deveria, e esse é um fardo opressivo para se carregar. Parece uma mochila de pedras colada nos meus ombros, puxando-me para o chão. É por isso que a justificação é uma notícia tão boa. Porque Jesus cuidou do nosso pecado, nós somos libertos do fardo do sentimento de culpa. Quando nos apegamos ao sentimento de culpa, estamos, na verdade, minimizando o que ele realizou na cruz e demonstrando falta de confiança no poder de Deus para perdoar. Ele se tornou pecado por nós (2Co 5.21). Quando dizemos que merecemos sentir culpa, é como se disséssemos que sua obra não foi suficiente.

É verdade que isso não significa que não devemos sentir tristeza por nosso pecado. É um sentimento saudável e santo sentir tristeza por nossa desobediência. Essa tristeza não é um mero sentimentalismo; ela representa uma vergonha genuína. Nós erramos, nós transgredimos, nós pecamos contra o Santo Deus, e isso é muito sério. Mas, quando o seu pecado já foi tratado, quando você já se arrependeu, é irrevogavelmente perdoado e não é mais necessário sentir-se permanentemente culpado.

Wayne Grudem acrescenta: "Cristo assumiu o lugar da culpa que todos nós merecíamos, para que pudéssemos assumir o lugar da aceitação que todos nós desejamos".[3] A justificação significa que estamos livres da condenação e da culpa e que agora fomos completamente, inteiramente, maravilhosamente, cem por cento, incondicionalmente aceitos diante de Deus como seus filhos (Rm 8.15). Em vez de sermos inimigos de Deus, somos a sua família. Somos adotados. Somos amados. Somos livres.

---

3 Ibid.

Somos Salvos para Buscar a Santidade (em outras palavras, a Santificação)

Mas, embora os seguidores de Jesus sejam justificados, continuamos a lutar contra o pecado. Por isso às vezes é difícil não desanimar. Existem momentos em que me sinto como Jake. Olho para a minha vida um pouco mais de perto e sinto-me sobrecarregada com o fato de quanto sou pecadora. Foi assim que me senti certo dia, quando estava nas redes sociais. Eu vi fotos, li postagens, li tweets e, aos poucos, uma pontada de justiça própria começou a crescer. Eu nunca postaria ou compartilharia um tweet assim. Eu nunca riria desse vídeo ou compartilharia essa música. Qual era o problema deles?

Foi quando me dei conta: qual era o *meu* problema? Meu sentimento de justiça própria me encheu de orgulho, endureceu meu coração e me fez apontar o dedo para o pecado de todo mundo em vez de lidar com meu próprio pecado. Então, eu me senti desmotivada. Estou tentando seguir Jesus, mas eu não deveria ser uma pessoa melhor?

É por isso que a realidade da *santificação* é tão encorajadora. A santificação é o processo segundo o qual os cristãos se tornam santos, pois o Espírito trabalha em seus corações para fazer com que sejam mais parecidos com Jesus. É encorajador porque isso significa que melhoro. Sou mais parecida com Jesus hoje do que eu era há cinco anos. Mais do que isso: Deus continuará a me transformar cada

NOSSOS PECADOS

vez mais à sua imagem pelo resto da minha vida. Eu serei mais parecida com Jesus no ano que vem do que sou hoje.

A santificação é um processo que dura a vida inteira, mas é algo espetacular. É uma estrada sinuosa e uma aventura. Deus nos santifica todos os dias. Crescemos enquanto vivemos para ele. É diferente da justificação, pois não tivemos nenhuma participação na justificação (Deus fez tudo), mas nós temos uma participação em nossa santificação.

Não me entenda mal – Deus é aquele que opera em nossos corações para nos tornar mais parecidos com ele. Mas nós temos a responsabilidade de buscar a santidade (Rm 8.13). A santificação não acontece enquanto estamos sentados e relaxados. Ainda assim, nosso trabalho sempre vale a pena porque, à medida que obedecemos, nosso Deus prometeu estar conosco, para nos ajudar, para nos fazer amadurecer e para nos dar uma vitória duradoura contra o pecado.

Então, vamos para o aspecto prático. Como podemos buscar a santidade? Como podemos vencer a luta contra o pecado? Você, Jake, Bianca, Peter, Alyssa e eu precisamos de ajuda. Somos adolescentes que amamos Jesus e queremos viver como ele. Como podemos fazer isso? Aqui está o que tenho aprendido.

CINCO MANEIRAS DE LUTAR CONTRA O PECADO

- Alimente-se da Palavra de Deus
- Odeie o pecado
- Preste contas a pessoas que você ama
- Arrependa-se (muito)
- Seja humilde

Alimente-se da Palavra

A primeira coisa mais importante é que nossos corações precisam estar amarrados à Palavra de Deus (Jo 17.17). É impossível saber o que é o pecado se não soubermos o que Deus diz. Jesus nos dá um exemplo perfeito disso quando o Diabo o tentou no deserto. "Então, o tentador, aproximando-se, lhe disse: Se és Filho de Deus, manda que estas pedras se transformem em pães. Jesus, porém, respondeu: Está escrito: Não só de pão viverá o homem, mas de toda palavra que procede da boca de Deus" (Mt 4.3-4). A Palavra de Deus é o que nós precisamos para crescer como seguidores de Jesus, para sobreviver neste mundo, para lutar contra a tentação e obedecer ao nosso rei. Ela nos ensina o que é pecado, convence-nos do pecado, mas também nos encoraja a batalhar contra o pecado.

Hoje à tarde, eu estava meditando no Salmo 119 e refletindo sobre quanto aquele autor dependia desesperadamente da Palavra de Deus. Ela era completamente suficiente para ele. Ele memorizava, lia, falava a respeito, obedecia,

NOSSOS PECADOS

refletia, era sustentado, vivia e respirava a Palavra de Deus. Ler esse salmo me fez almejar sentir a paixão do salmista. Mas eu tinha de lembrar que sua intensa dependência da Palavra de Deus não foi algo que certo dia simplesmente o atingiu do nada, como se fosse um relâmpago mágico. Foi algo que se desenvolveu através do mergulho diário na Palavra.

Vamos fazer isso também. Vamos entrar com frequência na Escritura, todos os dias, vamos lê-la completamente, até mesmo as partes que parecem chatas e irrelevantes. Quanto mais você lê a Bíblia, mais verá a santidade de Deus e o seu pecado. É como um espelho que reflete quem você realmente é, que revela sua verdadeira identidade. É como uma lupa esquadrinhando o seu pecado, aumentando o tamanho da letra e trazendo arrependimento. E é como um mapa apontando na direção correta, mostrando como você deve afastar-se do erro e para onde deve ir. A Palavra de Deus destaca o nosso pecado com um marcador amarelo e não nos deixa sozinhos depois disso. A Palavra de Deus estabelece um futuro de luta contra o pecado e de maior amor por Deus.

Mantenha a Palavra diante de você. Uma maneira fácil de fazer isso é colando versos bíblicos por toda a casa. Quando ganhei de presente minha primeira caixa de joias, na pré-adolescência, coloquei um cartão na frente com Provérbios 31.30: "Enganosa é a graça, e vã, a formosura, mas a mulher que teme ao SENHOR, essa será louvada". Lembro-

-me da minha mãe escrevendo Efésios 4.29 no quadro branco da sala de jantar da família: "Não saia da vossa boca nenhuma palavra torpe, e sim unicamente a que for boa para edificação, conforme a necessidade, e, assim, transmita graça aos que ouvem".

Paulo chama a Palavra de Deus de "espada do Espírito" (Ef 6.17) por uma razão: é a nossa maior arma na luta contra o pecado. A leitura e o conhecimento da Palavra nos fortalecem para que vejamos o pecado em nossas vidas, para que nos voltemos contra a tentação, para que possamos escolher a obediência, ter prazer em Deus e preparar os nossos corações contra a ameaça do pecado.

Odeie o Pecado

Mas eu tenho uma confissão a fazer: por mais que eu consiga encontrar o pecado na minha vida, sinto-me tentada a minimizá-lo. Quando vejo o pecado, quero fazer com que não pareça tão mal quanto realmente é, porque me vejo como alguém melhor do que realmente sou. Eu me convenço de que não é um problema tão sério, não é um pecado tão grande. Afinal, eu não matei ninguém. Só falei rispidamente com o meu pai. Ou não me esforcei tanto quanto deveria. Ou só contei aquela história em que aquele cara de quem não gostamos passou vergonha. Por favor, todo mundo faz isso. Embora eu adore encontrar o pecado em outras pessoas, tendo a minimizar meus próprios pecados.

NOSSOS PECADOS

Isso acontece porque deixo de ver a raiz do meu pecado. Deixo de perceber que não é realmente algo pequeno. Na verdade, é uma insurreição moral contra o meu Rei. É uma demonstração de que não confio, não creio ou não amo a Deus o suficiente para obedecer a ele. O pecado está na raiz de todos os males de nossa vida. Sempre que pecamos – mesmo que seja algo tão pequeno quanto ficarmos impacientes em um drive-thru –, estamos nos rebelando contra Deus e desobedecendo a um mandamento que ele nos deu para o nosso próprio bem. Nossos corações estão buscando algo que ele odeia e, em essência, tentando roubar sua glória.

Mas não é apenas isso; também é algo que tem consequências destrutivas. Nós merecemos o inferno por causa desse pecado, por causa de nossa rebelião contra um Deus perfeito e justo. Por causa desse pecado, Jesus foi para a cruz.

Além do mais, nosso pecado tem consequências no mundo real. Nossos relacionamentos começam a sofrer. Passamos a nos preocupar mais. Oramos menos. Nosso desejo de ler a Palavra de Deus desaparece. A igreja se torna mais chata. Começamos a sentir como se Deus estivesse distante. O pecado tenta nos arruinar. É por isso que devemos odiá-lo.

Para nos ajudar a entender sua severidade, pense no que estamos realmente dizendo quando pecamos. No início do capítulo, Peter reclamou sobre o clima. Em outras palavras: "Deus, não gosto do que você me deu e acho que sou mais entendido do que você". "Eu me preocupo com o meu futuro." Traduzindo: "Deus, não confio em você e não creio que você está no controle". Você tem desperdiçado seu tempo nas mídias sociais. Traduzindo: "Meu prazer é mais importante do que realizar as tarefas que Deus me deu".

Quando entendemos quanto o pecado é mau – *todos* os pecados –, somos mais capazes de enxergar sua miséria e a razão pela qual Deus o odeia. Porque, quanto mais confortável eu me sinto com o meu pecado, menos pareço com Jesus.

Arrependa-se (Muito)

Embora já tenhamos sido justificados por Deus, continuamos a pecar todos os dias, e isso significa que continuamos precisando nos arrepender. Oswald Chambers diz que o fundamento do cristianismo é o arrependimento. Burk Parsons afirma que não existe um cristão sem arrependimento. O arrependimento é necessário para crescermos como seguidores de Jesus.

O primeiro passo para o arrependimento é encontrar o pecado em nossas vidas e reconhecê-lo como pecado. Isso aconteceu comigo em relação à minha insegurança. Sou uma pessoa insegura desde que me entendo por gente. Quando eu era mais jovem, cheguei à conclusão de que não gostava mais das minhas orelhas. Elas eram muito grandes e, portanto, nunca poderiam aparecer. Eu não poderia usar um coque de bailarina ou colocar o meu cabelo atrás das minhas orelhas. Foi uma tragédia quando me deram o papel de animadora de torcida no musical da igreja e exigiram que eu usasse um rabo de cavalo alto. A simples ideia de que eu teria de me apresentar diante de toda a congregação com minhas orelhas gigantescas balançando com o vento do ventilador foi assustadora.

Acabei superando meu problema com as orelhas. Mas a insegurança permaneceu como uma narrativa constante por toda a minha vida. Passei a acreditar que era normal. Todo adolescente lidava com isso, então não poderia ser um problema. É claro que era um sentimento horrível, mas nunca me dei conta de que aqueles sentimentos de inferioridade eram crenças indiretas de ingratidão a Deus. Eu estava descontente com a forma como Deus tinha me criado – ele criou essas orelhas, esse corpo e esse meu cérebro. E, enquanto eu lia a Palavra de Deus e ouvia mestres piedosos aplicá-la, percebi que eu estava desobedecendo ao meu Criador. Em vez de contentamento, eu estava tomada pelo orgulho da insegurança.

Meu arrependimento envolvia voltar-me ativamente contra esses pecados específicos, confessando a Deus que eu tinha quebrado sua lei, que eu tinha sido ingrata e que tinha estado insatisfeita com ele. Depois pedi o seu perdão. O que foi glorioso é que consegui ser perdoada. Quando reconhecemos que Deus tem autoridade para perdoar o nosso pecado, ele nos perdoa (1Jo 1.9).

Mas continuo sentindo-me insegura, então continuo tendo de me arrepender. O arrependimento é contínuo, algo diário – algo que deve estar em toda oração. Por mais que costumemos errar, precisamos nos arrepender e estar verdadeiramente arrependidos. Como isso funciona? O arrependimento é menos sobre as orações individuais e o que você diz, e mais sobre a atitude do coração – não que as palavras não tenham importância. Devemos ter a capacidade de explicar como pecamos e pedir perdão. Mas Deus não espera que façamos uma oração mágica. O que ele quer de nós é que verdadeiramente sintamos profunda vergonha e ódio do pecado em nossos corações.

Nunca vi ninguém levar o arrependimento tão a sério quanto os puritanos. Em um livro de orações chamado *The Valley of Vision* [O vale da visão], há uma seção inteira com suas orações de confissão e arrependimento (sob o título solene de "Penitência e Reprovação"). Essas orações foram escritas por homens tomados por profunda repugnância em relação aos próprios pecados e pela percepção da própria impotência e de quanto dependem de Deus.

Esses homens oravam coisas como, "Eterno Pai, Tu és bom além do que podemos pensar, mas eu sou vil, deplorável, miserável e cego".[4] Eles confessavam: "Ó Senhor, não passou nem mesmo um dia da minha vida que não tenha provado que sou culpado aos teus olhos".[5] Eles disseram:

---

4 BENNET, Arthur. *The Valley of Vision*. Edinburgh, UK: Banner of Truth, 1975.
5 Ibid., 150.

"Por mais baixo que eu seja como criatura, sou ainda mais baixo como pecador, e inúmeras vezes pisoteei a tua lei; a deformidade do pecado está sobre mim, faz meu semblante escurecer, toca-me com corrupções".[6] E, por mais que eles compreendessem e odiassem a própria pecaminosidade, queriam buscar a santidade mais uma vez. "Senhor Jesus, dê-me um arrependimento mais profundo, um horror pelo pecado, um pavor ao vê-lo se aproximar."[7] O mesmo pode ser dito sobre mim e você?

Preste Contas a Pessoas que Você Ama
Em sua sabedoria, Deus nos deu pessoas para nos ajudar a lutar contra o pecado. Precisamos de igrejas que providenciem pastores, mestres e mentores que apontem para a Escritura e nos ajudem, como centros de reabilitação para pecadores em recuperação. Precisamos de um companheiro para prestar contas. Precisamos prestar contas especialmente a nossos pais. E, para fazermos isso, precisamos conversar e confessar nossos pecados a eles. Lembra-se da Bianca? Ela está lidando com a pornografia sozinha, consumida pelo sentimento de culpa, mas com vergonha demais para contar a alguém. O primeiro passo que ela precisa dar em direção a uma vida sem esse sentimento de culpa é buscar a Deus. Depois ela precisa ir até os pais.

---

6 Ibid., 160.
7 Ibid., 134.

Minha mãe e eu nos encontramos uma vez por semana. Às vezes, lemos um livro juntas e conversamos sobre o livro nessas reuniões; outras vezes, não. São basicamente oportunidades para prestação de contas. Conversamos sobre a vida, sobre as lutas que venho enfrentando, sobre o que me encoraja. Invariavelmente, ela me pergunta sobre como estão meus devocionais e minha vida de oração. Com frequência, ela me faz perguntas curtas para sondar como realmente estou – por exemplo, "O que te deixa feliz atualmente?"; "O que te deixa triste?"; "O que te deixa com raiva?". Com frequência, ela me pergunta se existe algum pecado com que eu esteja tendo dificuldade e, em algumas semanas, ela me dá conselhos sobre algum pecado que está vendo na minha vida.

Prestação de contas significa ter alguém que o ama o suficiente para ajudá-lo a lutar contra o pecado. Em muitos casos, serão os seus pais, mas talvez não sejam eles. Pode ser um membro mais velho de sua igreja, seu pastor ou um professor. Prestação de contas significa ter com eles conversas longas e desconfortáveis que são motivos de gozação para o mundo. Significa estar aberto e vulnerável. Significa sentir-se constrangido, mas também significa liberdade.

Buscar a santidade sem a prestação de contas é como caminhar em uma rua estreita que fica no meio de duas valas profundas. Seria muito fácil cair sem a proteção do parapeito da prestação de contas.

NOSSA COMUNIDADE

Seja Humilde

Jon Bloom escreveu que o "maior inimigo de nossas almas é o orgulho patologicamente egoísta que se encontra na essência de nossa natureza caída".[8] Se o orgulho está na raiz de todo pecado, a humildade deve ser o antídoto fundamental. Nós, cristãos, ouvimos falar muito sobre humildade, mas não costumamos passar muito tempo falando sobre o que realmente é a humildade. O que significa ser humilde no mundo real?

Humildade é entender nossa pequeneza e a grandeza de Deus. Certa vez, Jonathan Edwards disse: "Os santos na glória estão de tal forma envolvidos no louvor porque são perfeitos em humildade e têm muita compreensão da infinita distância entre eles e Deus".[9] Não existem três passos rápidos ou três dicas rápidas para conseguir isso. A Bíblia mostra que se trata de uma busca ao longo de toda a vida. É mais do que uma autodepreciação ou algumas boas ações. É uma atitude de coração pervasiva. Pedro diz aos jovens: "Cingi-vos todos de humildade, porque Deus resiste aos soberbos, contudo, aos humildes concede a sua graça" (1Pe 5.5).

A humildade consiste na rendição diária do orgulho em nossa vida – a murmuração, as comparações, o desejo por atenção, a bajulação, o desejo de agradar a homens. É

---

8   Jon Bloom, "O sucesso pode ser perigoso", desiringGod.org, 13 de janeiro de 2010, http://www.desiringgod.org/articles/success-can-be-perilous.
9   EDWARDS, Jonathan. *Sermons of Jonathan Edwards*. Peabody, MA: Hendrickson, 2005.

escolher medir a si mesmo com base nos padrões de Deus (e não nos padrões humanos) e depois reconhecer quanto estamos aquém. Quando reconhecemos nossa fraqueza humana, somos libertos para Deus nos usar de maneira poderosa. Paulo compreendeu isso e, portanto, pôde dizer: "Porque, quando sou fraco, então é que sou forte" (2Co 12.10).

A humildade é o reconhecimento intencional de que glorificar a Deus é mais importante e traz mais alegria do que glorificar a mim mesmo. É também a ação correspondente que reflete o louvor de volta para ele. Não é meramente pensar de determinada maneira; é viver assim.

A humildade resulta em gratidão. Nós rejeitamos nossa insatisfação natural com as circunstâncias e assumimos um coração que agradece a Deus pelo que ele nos deu. A humildade resulta em palavras ditas com bondade. Em vez de raiva, sabemos que não merecemos a graça e, por isso, escolhemos falar de maneira caridosa com o nosso próximo. A humildade resulta em paz. Sabemos que não estamos no controle, então nos livramos de toda a nossa preocupação e ansiedade, lançando tudo aos pés de Deus. Humildade sempre resulta em oração. Sabemos que não podemos fazer nada com base em nosso próprio poder e força, então confiamos em Deus.

Seguir Jesus em humildade significa sair do holofote e redirecioná-lo para aquele que merece. E esse é o maior matador de pecados de todos.

NOSSOS PECADOS

Você Não Está Sozinho
Mesmo quando buscamos a santidade, nós, adolescentes que seguimos Jesus, podemos sentir como se estivéssemos batalhando sozinhos. Dizem-nos que o evangelho transformará as nossas vidas, mas continuamos a lutar contra o pecado todos os dias. É uma tentação nos sentirmos sozinhos e isolados, como se fôssemos os únicos adolescentes cristãos no mundo inteiro tentando obedecer a ele. Mas existe uma verdade que nos traz esperança hoje: Deus é conosco.

O Espírito Santo habita em nós e é aquele que muda nossos corações, criando em nós o desejo de nos alimentarmos mais da Palavra de Deus, de odiarmos mais o pecado, de nos mantermos sob a prestação de contas e de crescermos em humildade. Quando buscamos a santidade, o Espírito é aquele que nos dá essa santidade. Ela vem aos poucos, dia após dia, e, às vezes, parece que está indo devagar, mas tenha certeza de que *está acontecendo*.

O Fim das Histórias
Embora estejamos no final deste capítulo, estamos somente no começo de nossas histórias. A justificação é onde tudo começa, mas a santificação é uma jornada que continuará pelo resto de nossa vida. Nós – rebeldes e pecadores – fomos adotados na família do Deus do universo. E ele – o soberano Criador que trouxe este mundo à existência por sua palavra – está nos transformando. Ele está tra-

balhando em nossos corações todos os dias. Ele trabalhou ontem. Ele trabalha hoje. Ele trabalhará amanhã. Porque o Filho de Deus se tornou como nós e morreu por nós, podemos nos tornar como ele. Podemos vencer o nosso pecado.

    O evangelho muda tudo em nossas vidas. Jake agora sabe que é justificado e está maravilhado por Deus estar trabalhando nele para torná-lo mais parecido com Jesus. Alyssa percebeu que, apesar da dificuldade de honrar seus pais com alegria, Deus requer isso dela e ele a ajudará a fazer isso. Peter foi para a igreja nesse domingo e estava chovendo de novo – mas, em vez de reclamar, ele escolheu expressar gratidão a Deus. Bianca finalmente percebeu quanto a pornografia estava machucando seu coração e, depois de confessar sua luxúria a Deus, contou tudo aos pais. Agora eles estão dando os próximos passos para alcançar a santificação.

    Deus está trabalhando na vida dos Jakes, das Alyssas, dos Peters e das Biancas. Ele está trabalhando na minha vida. E ele está trabalhando na sua. Se você é salvo, crescerá. Foi o que o Deus do céu e da terra prometeu, e ele prometeu ajudá-lo em cada passo do caminho. E ele é um Deus que não quebra suas promessas.

Nossos pecados: perguntas para discussão

- 1. Quais são alguns pecados "comuns" ou "esperados" com que você luta e quais passos pode dar para arrancá-los pela raiz?

- 2. Quem você tem (ou poderia ter) em sua vida para prestar contas? Que tipo de medo você tem sobre a ideia de prestar contas a alguém? O que o encoraja em relação a essa ideia?

- 3. Qual é o papel da gratidão na luta contra o pecado?

5
NOSSAS DISCIPLINAS

Vamos fazer de conta que há dois professores na sua escola. Vou chamar uma de srta. Rose. O outro se chamará sr. Smith. A srta. Rose conhece você desde o seu nascimento e, para você, ela parece, em parte, uma animadora de torcida e, em parte, uma avó. Ela é graciosa na hora de dar notas, mas realmente quer que você aprenda e investe horas lhe ensinando tudo o que você precisa (e quer) saber. Por outro lado, o sr. Smith odeia ser seu professor. Sua respiração o irrita. Ele está constantemente mal-humorado, é injustamente crítico e irracionalmente duro. A aula dele é terrível.

Agora, vamos fazer de conta que tanto a srta. Rose como o sr. Smith passam uma tarefa difícil sobre um assunto interessante. A srta. Rose está animada para ajudar você. Ela organizou uma excursão especial e ofereceu um monte de recompensas. O sr. Smith, como sempre, parece rabugento e desconectado. "Não me importo com a sua tarefa", diz ele, "mas, se você quer uma boa nota, conclua tudo e faça um bom trabalho".

A maneira como você vê as duas tarefas será radicalmente diferente. Você continua tendo de executar ambas, mas escrever para a srta. Rose será uma alegria. Ela o ama e está levando você ao sucesso. O mesmo não pode ser dito do sr. Smith. Escrever para ele é uma obrigação penosa e irritante; não há nenhuma alegria. É uma performance centrada no desempenho, e sua única motivação é passar no curso para prosseguir com a sua vida.

Essa ilustração nos ensina muito sobre o tema deste capítulo: *disciplinas espirituais*. O que estudaremos nas próximas páginas são determinadas atividades que os seguidores de Jesus praticam como estudantes de Deus, não para que sejam salvos, não para que passem em um curso, mas como um reflexo do amor por Deus. São coisas que fazem para obedecer, para crescer na fé, e fazem por alegria. Porque Deus os ama com um amor eterno, porque Deus é digno de tudo, porque Deus é seu Pai, seu amigo e seu consolador. Porque Deus é bom e se importa com eles.

NOSSAS DISCIPLINAS

O que São Disciplinas Espirituais?

Mas, em primeiro lugar, deixe-me definir o que quero dizer com disciplinas espirituais. Uso essa expressão com base em 1 Timóteo 4.7-8: "Exercita-te, pessoalmente, na piedade. Pois o exercício físico para pouco é proveitoso, mas a piedade para tudo é proveitosa, porque tem a promessa da vida que agora é e da que há de ser".

Nessa passagem, Deus chama o jovem Timóteo (e, por extensão, todos os cristãos) a exercitar-se na piedade. De que maneira? Por meio de ações bíblicas intencionais e dedicadas que nos corrigem ou nos treinam para que sejamos semelhantes a Cristo – em outras palavras, as disciplinas. Donald Whitney escreveu um livro maravilhoso sobre o assunto (intitulado *Disciplinas Espirituais para a Vida Cristã*). Ele define as disciplinas espirituais como "as práticas encontradas na Escritura que promovem o crescimento espiritual entre os crentes no evangelho de Jesus Cristo. São hábitos de devoção, hábitos do cristianismo experimental que foram praticados pelo povo de Deus desde os tempos bíblicos".[1]

Esse assunto é uma continuação natural do capítulo anterior. O capítulo 4 explorou as coisas que os cristãos são ordenados a *não* fazer (pecado). Este capítulo nos convida para as coisas que os cristãos são *ordenados* a fazer (as disciplinas).

---

1 Donald Whitney, "O que São Disciplinas Espirituais?", desiringGod.org, 31 de dezembro de 2015, http://www.desiringgod.org/interviews/what-are-spiritual-disciplines.

O evangelho nos tira do pecado e nos leva para os braços das alegres disciplinas espirituais.

Quando você lê a Bíblia, encontra mais de uma dúzia de disciplinas espirituais tanto na teoria como na prática. Mas eu quero focar somente quatro. São quatro disciplinas espirituais que todo cristão deve buscar: a leitura da Escritura, a memorização, a oração e a evangelização.[2]

Adolescentes Precisam Praticar as Disciplinas?

Curiosamente, algumas pessoas acreditam que os jovens cristãos não precisam praticar as disciplinas. Partem do princípio de que podem começar quando estiverem mais velhas. Mas essa ideia não existe em lugar nenhum da Bíblia. Na verdade, é algo que contradiz as expectativas de Deus apresentadas em sua Palavra. Ele não tem um conjunto de mandamentos para os "velhos" e outro para os "jovens". Todos os cristãos – crianças, pré-adolescentes, adolescentes, aqueles que têm vinte, trinta, cinquenta, sessenta ou cento e poucos anos, todos nós – são chamados para obedecer a Deus com consistência e felicidade.

Além disso, praticar essas disciplinas enquanto somos adolescentes é, na verdade, uma grande vantagem. Estamos nos preparando para uma vida de crescimento

---

2   Embora outras disciplinas estejam implícitas ou sejam sutilmente recomendadas nas Escrituras, essas quatro são explicitamente ordenadas. Diz-se, clara e constantemente, que devemos mergulhar nas Escrituras (Js 1.8) porque são a própria palavra de Deus (2Tm 3.16), e que é necessário conhecê-las para obedecer a elas (Mt 19.14). Também recebemos ordens específicas para conhecer e memorizar as Escrituras (Dt 6.6; Sl 119.16), para orar com frequência (1Ts 5.17; 1Tm 2.1) e para compartilhar o evangelho (Mt 28.19–20; Rm 1.16).

constante no evangelho. Recentemente, minha amiga Isabelle me lembrou disso. Ela me disse: "Não existe isso de que algumas coisas valem para os cristãos adultos, mas não para os adolescentes. As disciplinas são para todas as pessoas, independentemente da idade. Além do mais, é muito benéfico para nós praticar essa disciplina enquanto somos mais jovens, pois nossos cérebros são mais maleáveis e capazes de reter informação. Se uma árvore tem certa inclinação quando é jovem, estará completamente inclinada naquela direção quando estiver velha. Se formarmos esses bons hábitos e enchermos nossas mentes com a Palavra enquanto estivermos jovens, Deus poderá usar isso poderosamente pelo resto de nossas vidas".

Chegando ao Cerne das Disciplinas Espirituais

Antes de analisarmos como deve ser a prática das disciplinas espirituais na adolescência, precisamos entender algo muito importante: *por que* as praticamos. Nós não fazemos essas disciplinas para que sejamos salvos; fazemos porque *fomos* salvos. Não os fazemos para ganhar estrelas de ouro no boletim de Deus; fazemos para obedecer aos seus mandamentos claros. Não as fazemos por que *temos* de fazer. Era isso que motivava os alunos da turma do sr. Smith. Tudo não passava de um enfadonho trabalho movido por obrigação e frustração.

Agora estamos na turma da srta. Rose. Nós fazemos as disciplinas porque temos esse privilégio. Praticamos as disciplinas espirituais porque somos motivados pela abundante afeição por Cristo e pelo desejo vibrante de crescer nele. Fazemos por causa do evangelho.

A questão a respeito das disciplinas é que, para obedecer a Deus da maneira como ele ordena, precisamos ter a motivação correta. Podemos ler as nossas Bíblias por duas horas todos os dias e continuar não honrando a Deus. Se nossos corações são motivados pela coisa errada, a prática é vazia. Se nossos corações não estão dependendo completamente de Cristo, é tudo inútil.

Mas vou deixar uma coisa bem clara: isso não significa que só devemos praticar as disciplinas quando estivermos dispostos. Não são meras sugestões de Deus; são ordenanças de sua Palavra. Temos de obedecer, mas a questão é que devemos obedecer com alegria. O cerne das disciplinas espirituais é a alegria do evangelho, e é essa alegria que move todo cristão – especialmente os mais jovens – a ler suas Bíblias, a memorizá-las, a orar e a evangelizar.

Lendo a Palavra de Deus

Com frequência, meu pai diz que, se Deus ligasse para nós, pelo telefone, e nos dissesse que tem uma mensagem para nós, ficaríamos loucos diante da oportunidade de poder conversar com ele. É claro que ficaríamos. Seria um presente incalculavelmente precioso, praticamente inima-

NOSSAS DISCIPLINAS

ginável. Mas meu pai sempre acrescenta que Deus *fez* isso. Quer ouvir Deus falando com você? Abra a Bíblia.

Mas nós precisamos nos disciplinar com regularidade, todos os dias, para ler a Palavra de Deus. Somos tentados por uma miríade de coisas que tentam nos afastar – ocupações, tédio, sono, redes sociais etc. Mas Deus nos abençoa e fala conosco através da Bíblia. O nosso amor por ele não deveria conduzir-nos à sua Palavra?

O escritor do Salmo 119 tinha um tipo de amor explosivo e intenso pela Escritura que pode parecer estranho para nós (lembra-se do exemplo dele no capítulo anterior?). Simplesmente leia e absorva estas palavras:

> Admiráveis são os teus testemunhos; por isso, a minha alma os observa. A revelação das tuas palavras esclarece e dá entendimento aos simples. Abro a boca e aspiro, porque anelo os teus mandamentos (Sl 119.129–131).

Como podemos ter esse mesmo amor pela Palavra de Deus? Primeiro, é necessário que ela seja lida com mais frequência, todos os dias, e é necessário que seja lida por completo. O salmista amava a Palavra porque a conhecia (Sl 119.15–16). Um auxílio moderno que temos para isso é um plano de leitura bíblica. Trata-se de um cronograma que diz qual parte da Escritura deve ser lida a cada dia. Eu começo um plano de leitura no mês de janeiro e leio a Bíblia inteira em um ano. O plano de leitura cuida da parte mais difícil da leitura – por onde começar. Por mais difícil que isso possa parecer, é provável que você leve menos de dez minutos por dia.[3] Não é muito tempo.

Existem muitos planos de leitura[4] diferentes por aí. Há um no qual você lê uma passagem do Antigo Testamento e uma passagem do Novo Testamento todos os dias. Também existe um plano de quatro livros, em que você lê um livro histórico, os Salmos, um evangelho e uma epístola ao mesmo tempo (isso é parecido com o plano de leitura de M'Cheyne). Existem alguns planos que determinam os meses, e não os dias (por exemplo, dizendo que você precisa ler Gênesis e Êxodo em janeiro). Travis seguiu, em sua primeira tentativa, um plano de leitura bíblica de três anos. Mas, no fim das contas, o que realmente importa não é o plano de leitura em si ou se você dispõe de um. O importante é se disciplinar para ler a Palavra de Deus de forma sistemática.

Além disso, o importante não é somente ler. A disciplina não é treinar nossos olhos para ler palavras, fechar o livro e esquecer tudo o que acabamos de ler. Um componente essencial da leitura da Escritura é a *meditação*. Não se trata de um conceito místico ou sentimental da Nova Era. É uma prática bíblica que encontramos no Salmo 119: "Medi-

---

[3] Justin Taylor, "Lendo a Bíblia Inteira em 2016: Perguntas Frequentes", The Gospel Coalition (blog), 28 de dezembro de 2015, https://blogs.thegospelcoalition.org/justintaylor/2015/12/28/reading-the-whole-bible-in-2016-an-faq/.

[4] N. do E.: Encontre diferentes planos de leitura em http://voltemosaoevangelho.com/blog/2016/12/10-planos-de-leitura-biblica-e-orante-para-2017/

tarei nos teus preceitos e às tuas veredas terei respeito" (v. 15). É pegar a Palavra de Deus para refletir sobre ela com atenção. Tento escolher alguns versos da minha leitura bíblica diária para refletir e pensar no contexto, no significado e na aplicação. Penso naquilo que me ensinam sobre o caráter de Deus e seu plano de salvação. Deixo a passagem passear na minha mente.

David Mathis, que também escreveu um livro ótimo sobre disciplinas espirituais, chamado *Habits of Grace* [Hábitos de graça], diz o seguinte:

> Para o cristão, a meditação significa fazer com que "habite, ricamente, em vós a palavra de Cristo" (Cl 3:16). Não é como uma meditação secular, não fazer nada e estar em sintonia com sua própria mente ao mesmo tempo. É alimentar nossa mente com as palavras de Deus e digeri-las aos poucos, saboreando a textura, deliciando-se com o caldo, apreciando o sabor de um cardápio tão rico.[5]

Deus chamou seu servo Josué para esse tipo de reflexão poderosa e envolvente em Josué 1.8. Foi um momento assustador na vida de Josué. Ele havia assumido a liderança de Israel depois da morte de Moisés e Deus repetiu diversas vezes: "Sê forte e corajoso" (Js 1.9). Mas como Josué poderia fazer isso? Deus disse: "Não cesses de falar

---

[5] David Mathis, "Aqueça-se na Fogueira da Meditação", desiringGod.org, 26 de março de 2014, http://www.desiringgod.org/articles/warm-yourself-at-the-fres-of-meditation.

deste Livro da Lei; antes, medita nele dia e noite, para que tenhas cuidado de fazer segundo tudo quanto nele está escrito; então, farás prosperar o teu caminho e serás bem-sucedido" (Js 1.8).

A coragem e o sucesso de Josué vieram do conhecimento íntimo de Deus através da meditação na sua Palavra. Se isso é o que você quer, dedique-se à Escritura. Escreva sobre ela. Faça anotações. Estude. Pense nela todos os dias. Deleite-se nela. Sinta prazer nela. Então, você poderá dizer com o salmista: "Mais me regozijo com o caminho dos teus testemunhos do que com todas as riquezas. Meditarei nos teus preceitos e às tuas veredas terei respeito. Terei prazer nos teus decretos; não me esquecerei da tua palavra" (Sl 119.14–16).

Memorizando a Palavra de Deus

Se estamos tendo prazer em Deus por meio da leitura e da meditação em sua Palavra, faz sentido memorizá-la. Infelizmente, fazemos isso muito pouco. A quantidade de desculpas que damos para não memorizar a Bíblia equivale ao dobro daquelas que damos para não a ler: não tenho tempo, é muito difícil, minha memória não é boa, não sei por onde começar etc.

Mas, quando a memorização[6] da Escritura é movida pelo amor por Cristo, essas desculpas desaparecem. Deve-

---

6 N. do E.: Assista ao vídeo 8 Razões para Memorizar as Escrituras, por John Piper, em http://voltemosaoevangelho.com/blog/2009/02/8-razoes-para-memorizar-as-escrituras-e--10-para-ora-las/

mos *querer* tanto meditar na Bíblia que desejaremos memorizá-la. Nosso amigo do Salmo 119 pensava assim: "De todo o coração te busquei; não me deixes fugir aos teus mandamentos. Guardo no coração as tuas palavras, para não pecar contra ti" (Sl 119.10-11).

Isso foi algo que aprendi em primeira mão. Quando eu tinha treze anos, meu pai me disse que tinha lido um artigo. (Diálogos que começam assim são aqueles de que eu mais gosto.) "É sobre a memorização da Escritura", disse ele. "Esse cara sugere que você memorize livros inteiros da Bíblia. E ele tem um método para fazer isso."

Gosto de um bom desafio, então li o artigo também, embora com um pouco de receio. Foi escrito pelo Dr. Andrew Davis e o título era: "Uma abordagem para a memorização de textos extensos da escritura".[7] No texto, ele apresenta uma abordagem paciente, lenta e metódica para memorizar grandes porções da Escritura. É útil, prática, compreensível e proporciona retenção em longo prazo e a localização fácil dos versículos.

Então, eu disse ao meu pai: "Vamos fazer isso". Mas propus uma condição: eu escolheria o livro. Ele concordou e eu escolhi Colossenses, um livro com noventa e cinco versículos e quatro capítulos, cheio de verdades gloriosas e sabedoria para o dia a dia. E memorizamos o livro inteiro em quatro meses apenas. Ficou tão claro que isso era realmente

---

[7] Você ainda pode ler de graça em http://www.fbcdurham.org/resources/scripture-memory/ Acesso em: 6 de outubro de 2016 ou pode comprar um e-book na Amazon.

possível que decidimos memorizar outro livro três meses depois. Dessa vez, a escolha foi do meu pai, e ele escolheu o livro de Habacuque, um profeta menor de três capítulos, sobre um homem que, em meio ao mal, luta contra a soberania de Deus, mas acaba renovando sua confiança nele. É lindo.

DICAS PARA MEMORIZAR A ESCRITURA

- Memorize com outra pessoa
- Tenha a quem prestar contas
- Escolha passagens que tenham um significado especial para você
- Comece com pouco
- Desafie a si mesmo cada vez mais
- Crie objetivos realistas, mas que também sejam específicos
- Seja criativo

Tínhamos sete capítulos da Palavra de Deus guardados em nossos corações, mas ainda estávamos conversando sobre a memorização de mais um livro. Andrew Davis havia revolucionado o nosso conceito de memorização da Escritura. Diariamente, memorizávamos um novo verso e revisávamos todos os outros. Não era impossível. Novamente, era a minha vez de escolher um livro, então sugeri Romanos. Meu pai riu. Ele pensou que eu estava brincando.

Eu não estava.

NOSSAS DISCIPLINAS

Demorou menos de um ano para memorizarmos Romanos. Agora tentamos recitar ou ler esses três livros pelo menos uma vez por mês, todo mês. Não temos uma memória infalível, mas a Palavra de Deus está nela, um consolo nos momentos de tristeza, repreensão profunda nos momentos de pecado, esperança nos momentos de temor e alegria nos momentos de vazio.

Eu conto isso para encorajá-lo – você também pode memorizar a Escritura. Se eu posso, você pode. Foi uma prática libertadora para mim e para meu pai. Não quero minimizar quanto foi difícil, mas a recompensa supera todas as dificuldades. Além disso, como adolescente, você tem uma vantagem intrínseca em seu cérebro: é mais fácil memorizar quando você é jovem. Isso não significa que seja *fácil* ou que os cristãos mais velhos não possam memorizar a Escritura. Significa apenas que é *mais fácil*, e que você deve usar essa fase em que Deus o colocou para aprender o máximo possível sobre a Palavra de Deus. Com frequência, conheço cristãos mais velhos que ainda conseguem lembrar-se de versículos que aprenderam na adolescência e que lamentam por terem desperdiçado a oportunidade que tiveram de memorizar muito mais. Ouça o lamento deles. Não desperdice essa fase.

Uma recomendação que faço é que você tenha um companheiro a quem prestar contas, até porque, sinceramente, é mais divertido. Meu pai e eu inventávamos raps, rimas ou acrônimos para alguns versículos. Nós ajudávamos um ao outro, testávamos um ao outro e trazíamos uma palavra de incentivo ou de repreensão em amor quando o outro mais precisava. Peça à sua mãe, ao seu pai, a um amigo ou a um mentor para ser seu companheiro de memorização. Mas você não precisa de um companheiro para memorizar a Escritura. Minha amiga Donna memorizou o livro de Romanos sozinha, por meio de sua diligente perseverança e da oração. Embora a memorização seja mais difícil para algumas pessoas do que para outras, acredito que qualquer um seja capaz de memorizar.

Se a ideia de memorizar um livro inteiro é algo que assusta você (o que eu realmente compreendo), comece com pouco. Ou escolha uma de suas passagens favoritas da Palavra de Deus e comece por aí. Depois utilize os recursos.

O trabalho e a disciplina valem a pena. Eu garanto. Essas são as palavras inspiradas, preciosas, inestimáveis e infalíveis de Deus (2Tm 3.16). Elas doam vida. Colhem alegria. E nos ajudam em outras áreas, especialmente na nossa vida de oração.

Orando

Foi somente em tempos recentes que comecei a entender que a leitura, a meditação e a memorização devem conduzir diretamente à oração. Em vez de separar as disciplinas espirituais, faz mais sentido mantê-las conectadas. O puritano Thomas Manton faz isso ao dizer: "A Palavra alimenta a meditação, e a meditação alimenta a oração [...] A meditação precisa acontecer depois de ouvir e antes de orar [...] O que ingerimos pela Palavra é digerido pela meditação e emitido pela oração".[8] Quando lemos a Palavra de Deus, devemos ser levados a orar – e a um tipo específico de oração, dirigido pelas Escrituras e alimentado pela meditação.

Isso se mostrou revolucionário em meus devocionais diários. Em vez de pensar que eu tinha de trocar de marcha ao fechar a Bíblia para orar, reflito sobre o que li. Louvo a Deus pela maneira como trabalhou e é glorificado no texto. Peço perdão pelo pecado que me confronta no texto. Oro por pessoas e situações específicas que o texto me faz lembrar. Oro por outras coisas também, mas é o meu envolvimento com a Palavra de Deus que me conduz naturalmente à oração.

Mas a disciplina da oração não deve restringir-se a um período de dez minutos por dia. Paulo nos chama para "orar sem cessar" (1Ts 5.17). Isso acontece quando nosso amor e nossa confiança em Deus nos prendem a ele o dia inteiro. Nossa conversa com ele acontece no carro, no caminho para a escola, na escola, durante o almoço, o trabalho, o dever de casa e as tarefas domésticas – e não precisa terminar de maneira formal, com um "amém". A oração deve ser uma dependência constante dele e uma postura natural e persistente de nossa parte, constantemente achegando-nos a ele.

---

8   Thomas Manton, citado em Mathis, "Aqueça-se na Fogueira da Meditação".

Tenho dificuldades com isso. Uma razão para essa dificuldade é a tentação de crer que a oração é uma coisa muito comum. Cresci cercada por pessoas que oram e eu achava que isso era muito comum. Falar com Deus acontecia o tempo inteiro – antes das refeições, no culto familiar, na igreja – e simplesmente não parecia ser algo extraordinário. Mas eu preciso constantemente me lembrar de uma verdade maravilhosa: *a oração é um privilégio*. A oração é a comunicação entre o homem pecador e o Deus santo, e só é possível por causa da obra de Jesus como nosso Sacrifício e como nosso Intercessor. São humanos com acesso direto ao divino. Isso é milagroso. Não importa a frequência com que você faz isso, sempre é incrível.

Para começar a orar mais, é necessário perceber o que a oração realmente é. Dedique algum tempo à Escritura e observe como as pessoas se comunicavam com Deus. Elas ficavam maravilhadas. Era algo gloriosamente bom, mas também era sério e solene, e nunca deixava de ser tratado com seriedade. Mas, de uma forma quase paradoxal, nos é dito que devemos orar o tempo inteiro, pois Jesus nos deu acesso direto a Deus. Isso é chocante. Isso é maravilhoso.

Outra faceta da disciplina da oração é orar com outras pessoas. Minha família ora reunida todas as noites. Minha mãe e eu temos um momento especial juntas em oração pelo menos uma vez por semana. Às vezes, é algo transformador. Lembro-me de certa noite em que meu pai estava

NOSSAS DISCIPLINAS

fora da cidade; na ocasião, estávamos somente Travis, minha mãe e eu realizando o devocional familiar juntos. E, em vez de fazermos nossas orações como de costume, Travis trouxe sua lista pessoal de oração e orou conosco por ela. Escutá-lo achegar-se ao nosso Deus em adoração com petições humildes, ouvi-lo orar por mim e pelas coisas que estão acontecendo na minha vida, unir os nossos corações ao dele diante de Deus, tudo isso alavancou profundamente minha própria fé.

Você também pode ler livros escritos por pessoas piedosas que aplicam a sabedoria da Escritura sobre a oração de maneira prática. Dois deles que já me ajudaram foram *Começando pelo amém*, de Bryan Chappel, e *O poder de uma vida de oração*, de Paul Miller. Ou você pode ler livros que contenham orações reais. Meu favorito é *The Valley of Vision* [O vale da visão], citado no capítulo anterior. Embora esses livros possam servir de instrumento para nos ajudar a praticar melhor essa disciplina espiritual, deixe-me dar um aviso (apoiado na minha infeliz experiência pessoal): não passe muito tempo lendo sobre oração sem realmente orar. Cristo abriu o caminho para você conversar com o Deus do universo. Não menospreze isso. Ore de verdade.

Evangelizando

No ano passado, no sábado anterior ao Natal, eu estava no centro da cidade. Mas não estava fazendo compras. Junto com um pequeno grupo de outros cristãos, eu estava distribuindo folhetos evangelísticos. Era uma tarde canadense ensolarada, mas terrivelmente fria. Estávamos embrulhados em diversas camadas de roupa quente e nossos narizes e mãos estavam vermelhos e formigando. Mas as pessoas passavam por nós, e, com calma e gentileza, entregamos caixas de folhetos sobre o Natal. Algumas pessoas diziam: "Não, obrigado", outras jogavam no lixo, algumas riam de nós, outras se irritavam, mas o evangelho acabou chegando a centenas de mãos.

Uma das minhas amigas que estava conosco era uma nova cristã e amou estar lá. Embora inicialmente ela estivesse nervosa, começou a entrar no ritmo e, aos poucos, foi criando mais coragem e paixão. Quando nos preparamos para sair, a alegria dela era contagiante. "Tem uma coisa que eu não entendo", disse ela enquanto arrumávamos nossas coisas e íamos para os carros. "Por que não existem mais pessoas fazendo isso? Por que as pessoas não falam de Jesus para outras? É tão divertido!"

Divertido não é a primeira palavra que a maioria dos cristãos usaria para descrever o ato de evangelizar. *Assustador*, provavelmente. *Difícil*, com certeza. Mas divertido? Eu não acho. Mas essa cristã teve uma de suas primeiras experiências com essa disciplina e já estava experimentando seu fruto poderoso: a alegria.

Mas vamos recuar por um instante. O que exatamente é o evangelismo? É entregar folhetos na esquina de uma rua? É pregar a céu aberto? Ou será que é viver de determinada maneira sem nunca falar sobre Jesus? O Dr. Whitney tem uma resposta sábia e bastante simples. Ele escreve que é "comunicar o evangelho. Qualquer um que relata fielmente os elementos essenciais da salvação de Deus por meio de Jesus Cristo está evangelizando. Isso é verdadeiro mesmo que as suas palavras sejam faladas, escritas ou gravadas, ou que sejam comunicadas a uma só pessoa ou a uma multidão".[9]

Evangelizar é compartilhar o evangelho verbalmente. Isso pode acontecer quando se convida um amigo para tomar café. Pode ser em seu blog. Pode ser no trabalho social da sua igreja. Talvez seja conversando ao telefone com um membro da família. Talvez seja com um estranho no avião. Talvez seja com seu professor através de uma tarefa. Talvez seja com seu colega de trabalho durante o tempo livre. Talvez seja nas mídias sociais. Talvez seja com seu irmão durante as férias de família. Começa-se vivendo o evangelho e termina-se falando sobre ele.

Mas e quanto a todos os desafios? O temor, a dificuldade, o risco de rejeição, a possibilidade de relacionamentos tensos? A resposta é sim. Sim, todas essas coisas são reais e, sim, é preciso lidar com elas, mas o evangelismo não é um aspecto opcional do cristianismo. Jesus ordenou a todos os crentes: "Ide por todo o mundo e pregai o evangelho a toda criatura" (Mt 16.15). Os jovens não estão

---

[9] WHITNEY, Donald. *Disciplinas espirituais para a vida cristã*. São Paulo: Editora Batista Regular, 2014.

excluídos desse chamado por causa de idade ou inexperiência. Quando cremos no evangelho, podemos expressá-lo em palavras. E, quando podemos expressá-lo em palavras, podemos expressar essas palavras a outra pessoa. Amigo, precisamos fazer isso. As almas não valem mais do que o conforto?

Evangelismo é obediência, mas é também um ato visível de humildade. O evangelismo tira nossos olhos de nós mesmos e coloca-os na história maior de Deus para o mundo. O evangelho não começa e não termina conosco. Do princípio ao fim, é sobre ele e seu plano de salvar um povo de toda tribo, nação e língua. Apesar disso, em sua misericórdia quase incompreensível, ele nos deu um papel e uma responsabilidade em seu plano global: ser seus mensageiros.

Somos chamados para ser "embaixadores" pelo evangelho porque o principal meio de Deus salvar as pessoas é o testemunho dos cristãos (Rm 10.14–17). Foi assim que ele me salvou. Foi através do evangelismo fiel dos meus pais. E meus pais não eram nenhum tipo de supercristãos hiperespirituais. Eles eram simplesmente dois seguidores de Jesus de vinte e poucos anos que compartilhavam o evangelho com seus filhos pequenos.

Como adolescentes, temos a oportunidade única de evangelizar as pessoas que conhecemos. Temos colegas de time e colegas de trabalho, professores e colegas de classe, companheiros de clube e amigos virtuais. Conhece-

NOSSAS DISCIPLINAS

mos pessoas com quem nossos pastores e pais nunca terão a oportunidade de compartilhar o evangelho. Essas pessoas são a nossa janela para o evangelho dada por Deus. Não queremos perder essas oportunidades.

Isso é evangelismo local, algo que somos chamados a fazer. Mas existe outro tipo de evangelismo, o evangelismo global – ou missões. É quando alguém vai para outro lugar compartilhar o evangelho e fazer discípulos, normalmente em um país estrangeiro. Nem todos recebem um chamado para ser missionários, mas alguns realmente recebem. Talvez você o receba. Eu encorajaria você a conversar com seus pais ou seu pastor a esse respeito, especialmente se sente que tem um chamado para servir nessa área. Mas, mesmo que você não vá para o exterior, o evangelismo é uma necessidade urgente para todo e qualquer cristão. Lembre-se de que é um mandamento.

Mas, antes que você comece a se sentir desencorajado por esse fardo, vamos falar novamente sobre a conexão entre as disciplinas espirituais. Lembra-se de quando eu disse que as disciplinas espirituais eram ligadas umas às outras? Essa é uma verdade fácil de perceber em relação ao evangelismo e à oração. Deus é aquele que salva, então devemos começar a disciplina do evangelismo de joelhos. Devemos começar o evangelismo com orações, louvores, implorando a Deus para que ele salve, pedindo, ansiando (e depois buscando) por oportunidades para compartilhar o evangelho.

Não se pressione. É *Deus* quem muda os corações. *Ele* trabalha através de nossos erros e de nossos deslizes. *Ele* nos usa para a sua glória e se agrada de nossos esforços. *Ele* é o Salvador. Afinal, a história é dele.

Está na Hora de Aproveitar a Aula da Srta. Rose

E essa é a história, o evangelho, que nos motiva a praticar as disciplinas espirituais. Amamos Jesus, então lemos sua Palavra, meditamos nela e a memorizamos, oramos com base nela e compartilhamos o que ela diz com outras pessoas. Como alunos na classe da srta. Rose, sentimos prazer na nossa tarefa porque gostamos da srta. Rose.

Mas, aqui, não estamos falando de um professor fictício. Estamos falando do todo-poderoso e infinitamente bom Salvador do mundo. Esse Salvador nos ama de maneira profunda e fantástica. E ele não é apenas um professor atencioso que torce por nós. É também um irmão, um amigo e um Rei que atende aos nossos melhores interesses, necessidades e desejos no coração e cujo Espírito trabalha dentro de nós. Ele ama quando servimos a ele. Ele nos abençoa por nosso serviço a ele. Ele é a nossa motivação.

E isso é o que move a nossa leitura, a nossa memorização, a nossa oração e o nosso evangelismo: Jesus.

Nossas disciplinas: perguntas para discussão

- Quais disciplinas você considera as mais difíceis de cultivar? Por quê?

- Pense em algumas das pessoas mais piedosas que você conhece – pessoalmente ou da história. Que importância elas davam ao cultivo das disciplinas espirituais? Quais passos você pode dar hoje para seguir o exemplo delas?

- Por que é tão importante lembrar a essência das disciplinas espirituais?

6
NOSSO CRESCIMENTO

Matar plantas em casa é um mal que impera na minha família. Minha mãe é mestre em assassinar plantas, pelo menos quando estão do lado de dentro. Dê-lhe um jardim do lado de fora e as plantas terão noventa e nove por cento a mais de chances de sobreviver. Quando morávamos na Colúmbia Britânica, havia um jardim esplêndido em nosso quintal. Teve um ano em que ela até plantou abóboras. Mas colocá-la para cuidar de um vaso na janela da cozinha é *planticídio*.

Recentemente, descobri que ela transferiu esse poder do mal para mim. No mês passado, fiquei de babá para o animal de estimação dos meus avós, e meu avô deixou uma lista com instruções para Kit, sua cadelinha. "Ah", acrescentou ele no final, "você também pode ficar de olho na planta enquanto estiver aqui?". Três semanas depois, eles voltaram para casa e encontraram Kit feliz e saudável. Eu a alimentei muito bem, mantinha sua bacia d'água cheia, levava-a para longos passeios, fazia muitos agrados e lhe dei muita atenção. Por outro lado, a planta estava morta.

Falo sobre isso como se fosse algum tipo de poder mágico (uma maldição?) que minha mãe e eu temos. Fazemos todo o possível para manter uma planta viva (colocamos ao sol, regamos todos os dias, colocamos fertilizante, cantamos para ela), mas, de alguma maneira misteriosa, ela acaba morrendo. Mas a verdade é que nós não fazemos isso tudo. A planta morre simplesmente porque somos desatentas. Simplesmente não nos importamos com sua saúde e com seu crescimento, então esquecemos de cuidar dela com esforço e persistência.

Cuidar de plantas me faz lembrar que o crescimento exige muito esforço. Exige tempo, consideração, poda, estratégia e luz solar. Se uma dessas exigências falhar, é quase certo que a planta morrerá. Fazer uma planta crescer exige esforço verdadeiro e constante.

Crescer para se parecer mais com Jesus também.

NOSSO CRESCIMENTO

Cresça ou Morra

O crescimento é uma função de sobrevivência necessária para todos os seres vivos. Se uma flor cresce, isso significa que está viva. Se parar (ou nunca começar), murcha e morre. Isso é o básico da biologia. O mesmo vale para os cristãos. Quando o evangelho nos salvou, ele nos vivificou em Cristo, soprando vida em nossos corações mortos (Cl 2.13). Acordamos como recém-nascidos espirituais cheios de fome e sede, com os olhos recém-abertos para o mundo. Então, imediatamente começamos a crescer.

E esse crescimento nunca cessará. É um sinal de vida espiritual. Inevitavelmente, continuaremos a aprender e a crescer, e a crescer e a aprender para sempre e sempre. Um cristão que não cresce é um oxímoro. Não existe. Seguir Jesus é ser um aprendiz a vida inteira. Nós crescemos porque estamos vivos.

Discernimento = Crescimento

Mas não podemos crescer sem discernimento. Essas duas coisas estão inextricavelmente ligadas. O que é discernimento? É simplesmente a habilidade de definir e agir com base na diferença entre certo e errado ou, como na famosa frase de C.H. Spurgeon, entre o "certo e o quase certo". É olhar para a paisagem de nossa vida; examinar tudo que encontramos; e julgar entre o bem e o mal, entre o que é bíblico e a falsa doutrina, entre o que é edificante e o entretenimento prejudicial, entre a santidade e o pecado. Em 1 Tessalonicenses 5.21, diz-se: "Julgai todas as coisas, retende o que é bom". O crescimento e o discernimento são como um ciclo que alimenta a si mesmo, um círculo precioso. Onde há crescimento espiritual, haverá discernimento espiritual.

Ao mesmo tempo, discernimento não é uma espécie de criticismo excessivo que tira a sua capacidade de apreciação, transformando-o em um cão de guarda amargurado que fica apenas cheirando em busca dos erros das pessoas. Em vez disso, é um chamado santo para discernir o que é agradável a Deus e o que não é (Rm 12.1-2). É uma redenção libertadora que você recebe para se alegrar no que é verdadeiro e lindo e, ao mesmo tempo, rejeitar o que é feio e falso. Discernimento é igual a crescimento.

Como Podemos Obter Discernimento?

Em Efésios 4, Paulo explica para a igreja em Efésios acerca da relação entre o crescimento e o discernimento. Ele explica que, à medida que os cristãos aprendem com os mestres piedosos, nós "crescemos" em Cristo e nos tornamos cada vez menos parecidos com crianças sem discernimento, "agitados de um lado para outro e levados ao redor por todo vento de doutrina, pela artimanha dos homens, pela astúcia com que induzem ao erro" (v. 14). Em vez disso, à medida que crescemos em maturidade e sabedoria, também crescemos em discernimento. E, à medida que isso acontece, "crescemos em tudo naquele que é a cabeça, Cristo" (v. 15). Novamente, encontramos aquele belo círculo que alimenta a si mesmo. O crescimento motiva o discernimento, que é o combustível para o crescimento, que motiva o discernimento, que é o combustível... você entendeu. Nós vemos isso acontecendo em Efésios 4.

Então, se o discernimento é necessário para crescer espiritualmente, como podemos obtê-lo? Em última análise, como todas as coisas boas em nossas vidas, Deus é aquele que nos concede discernimento (Dn 2.21). Seu Espírito trabalha em nossos corações e opera uma mudança permanente. Mas ele também nos deu a responsabilidade de buscar e encontrar o discernimento. Em Efésios 5.10, ele diz: "E aprendam a discernir o que é agradável ao Senhor" (NVI). E existem duas grandes maneiras de fazermos isso.

Procure e Aprenda na Palavra de Deus

Deus é a fonte de tudo o que é certo, verdadeiro e digno. Ele é a base sólida do discernimento, então que lugar melhor haveria para procurar do que em sua Palavra? No início de Provérbios 2, é dito que, se você recebe, estuda e ama as verdadeiras palavras de Deus, ele lhe dará discernimento. Quando colocamos nossa mente nas coisas de Deus, mergulhamos no que é perfeitamente certo e, ao mesmo tempo, protegemo-nos da decepção (Mt 16.23).

Deus escreveu sua verdade na Escritura e nós temos acesso ilimitado a ela. Ao estudá-la, somos capazes de usá-la como um padrão objetivo e uma vara de medição para avaliar o ensino que encontramos.

Se você quer mais discernimento, leia a Bíblia. Se você quer crescer, leia a Bíblia.

Peça a Deus para lhe Dar Discernimento

A segunda maneira de obter discernimento parece um velho clichê simples e infantil: orar. Mas Deus é quem nos dá discernimento, então devemos pedir a ele. Se queremos crescer, precisamos pedir. Foi o que Salomão fez quando se tornou o rei de Israel. Deus lhe apareceu em sonho e disse: "Pede-me o que queres que eu te dê" (1Rs 3.5). Foi um convite sem restrições.

Salomão deu uma resposta de grande peso, com muita humildade:

> Agora, pois, ó SENHOR, meu Deus, tu fizeste reinar teu servo em lugar de Davi, meu pai; não passo de uma criança, não sei como conduzir-me. Teu servo está no meio do teu povo que elegeste, povo grande, tão numeroso, que se não pode contar. Dá, pois, ao teu servo coração compreensivo para julgar a teu povo, para que prudentemente discirna entre o bem e o mal; pois quem poderia julgar a este grande povo? (1Rs 3.7–9)

Ele era o novo rei. Ele poderia ter pedido poder político, vitória nas guerras, popularidade, fama ou um sucesso infalível. Em vez disso, pediu a coisa mais valiosa que conhecia: discernimento. Pegue uma página de um dos livros de Salomão e, com humildade e sinceridade, peça ao Senhor, aquele que revela a verdade, para lhe dar discernimento. Em Tiago 1.5, lemos: "Se, porém, algum de vós necessita de sabedoria, peça-a a Deus, que a todos dá liberalmente e nada lhes impropera; e ser-lhe-á concedida".

Deus é a fonte da verdade, então, se você quer saber o que é certo, vá até ele. Expresse seu desejo de obedecer a ele com discernimento e peça para amadurecer nessa área.

O Discernimento na Prática

Se você é cristão, o evangelho diz que você *vai* crescer. E, se você está crescendo, o evangelho diz que você *vai* exercitar discernimento. Mas exercitar discernimento no mundo real pode ser algo complicado. Embora a Palavra de Deus seja infalível, o ensinamento do homem não é. E o ensinamento não vem somente do púlpito. Também vem dos livros, do cinema, das escolas, da música, da cultura – basicamente, de todo lugar. É algo que encontramos todos os dias, e a responsabilidade que recebemos de Deus, como seguidores de Jesus, é diferenciar entre o ensinamento verdadeiro e o falso.

Quero analisar mais de perto três meios pelos quais crescemos (e, em consequência, exercitamos discernimento): livros, música e sermões.

Ler para Crescer

Como tudo em nossa vida, o evangelho afeta profundamente o que nós lemos. O evangelho redefine a maneira como vemos os livros, estabelecendo a necessidade de sermos leitores cuidadosos e atentos. Ao mesmo tempo, ele nos liberta para crescermos através dos livros quando apreciamos a graça de Deus que se manifesta por intermédio de suas criaturas. O blogger e autor Tim Challies diz: "Encontre alguém que mudou o mundo e que passava o tempo vendo televisão que eu lhe mostrarei mil que passaram o tempo lendo livros".[1]

Livros são professores. Às vezes são duros, às vezes são gentis, às vezes trazem consolo, às vezes convencem do pecado, às vezes perturbam, às vezes transformam vidas, às vezes são práticos, às vezes são profundos. Eles abrem nossas mentes e nossos horizontes, banindo a tentação de estreitar a visão. Eles nos ensinam mais sobre o mundo, sobre a Bíblia, sobre as pessoas, sobre alegria, sobre santidade, sobre eternidade, sobre relacionamentos, sobre pecado e sobre tristeza. Eles nos tornam mais inteligentes e mais empáticos. Eles nos ensinam a raciocinar melhor e a sermos pensadores mais críticos. Livros nos tornam pessoas melhores.

Charles Spurgeon disse a mesma coisa: "Entregue-se à leitura. Aquele que nunca lê nunca será lido; aquele

---

[1] Tim Challies, "10 Dicas para Ler Mais e Ler Melhor", challies.com (blog), 17 de setembro de 2007, http://www.challies.com/articles/10-tips-to-read-more-and-read-better-0.

que nunca cita nunca será citado. Quem não usa os pensamentos do cérebro de outras pessoas dá provas de que não possui cérebro próprio. Você precisa ler".[2]

Mas o que deveríamos ler? Uma frase que me ajudou muito foi a seguinte: "Leia muito, mas seja seletivo". Não quero ler livros de um só gênero literário ou de uma só época da história. Isso distorceria minha visão sobre quanto a verdade de Deus é ampla e diversificada, e sobre sua graça e seus dons na vida humana. Eu quero ler teologia, biografia, literatura, história, autobiografias, livros antigos, livros modernos e assim por diante. Mas quero ser uma leitora *seletiva*. Quero identificar o que é o melhor, o que é mais benéfico para a minha alma, o que é mais rico e recompensador. Os livros não são criados todos iguais. O discernimento deve compelir-nos tanto a abrir como a fechar as capas dos livros. Nunca tenha medo dos livros. Eles não são mestres; são somente ferramentas.

Onze Livros que Eu Amo

Aqui estão onze livros que se revelaram ferramentas poderosas para o meu crescimento. (Talvez você deva considerar refletir sobre os livros que mais moldaram a sua vida e criar a sua própria lista.)

---

[2] C. H. Spurgeon, citado em Brett Harris, "27 Livros que Adolescentes Cristãos Devem Ler (e Adultos Também)", The Rebelution (blog), 24 de fevereiro de 2016, http://therebelution.com/blog/2016/02/27-books-christian-teens-should-read-and-grownups-should-too/.

ONZE LIVROS QUE EU AMO

- *Desejosos de Deus*, de John Piper
- *O sol é para todos*, de Harper Lee
- *A santidade de Deus*, de R. C. Sproul
- *As crônicas de Nárnia*, de C. S. Lewis
- *Valley of Vision* (*O vale da visão*), editado por Arthur Bennet
- *O Evangelho*, de Ray Ortlund
- *The Godly Man's Picture* (O retrato do homem piedoso), de Thomas Watson
- *Amazing Grace* (Maravilhosa graça), de Eric Metaxas
- *Lizzie Bright and the Buckminster Boy* (Lizzie Bright e o menino Buckminster), de Gary D. Schmidt
- *Ego transformado*, de Timothy Keller
- *Santidade*, de J. C. Ryle

Escute para Crescer

O fato de que livros são professores é bastante óbvio. O fato de que a música também é um professor talvez não seja tão óbvio assim. Mas é verdadeiro. As letras comunicam ideias, e essas ideias têm profundos efeitos espirituais e psicológicos em nós. Por isso, o evangelho precisa guiar o que escutamos.

O evangelho faz isso, em primeiro lugar, dando--nos parâmetros para apreciar a música com responsabi-

NOSSO CRESCIMENTO

lidade, não para nos restringir, mas para nos proteger. As palavras e as ideias em uma música podem sufocar nossa alegria, tirar a nossa paz, acabar com o nosso contentamento, tentar-nos para a cobiça ou nos tornar negligentes em relação ao pecado. Ao mesmo tempo, as palavras corretas podem nos consolar no sofrimento, provocar afeições por Cristo, convencer-nos do pecado e nos encorajar. Devemos ser ouvintes atentos, indagando se a música vai nos edificar e amadurecer em Cristo. Isso não significa que estejamos proibidos de ouvir música secular (existem verdades ricas em algumas delas); significa que devemos sempre nos perguntar se o que estamos ouvindo verdadeiramente honra e glorifica a Deus (1Co 10.31).

Há alguns anos, Bob Kauflin, pastor e músico cristão de Kentucky, pregou um sermão para estudantes sobre escutar música para a glória de Deus. Ele ofereceu seis palavras e ideias "para nos ajudar a refletir mais concreta e biblicamente sobre a música que escutamos". Creio que são especialmente úteis para nós.

• *Submissão* (Pv 19.20). Quando somos crianças, nosso chamado é, em primeiro lugar, obedecer aos nossos pais (leia mais sobre isso no capítulo 8), e uma grande parte disso significa nossa submissão à autoridade deles. Isso inclui a submissão de nosso entretenimento. Não podemos escutar qualquer coisa que queremos sem a aprovação deles. O que escutamos deve ser um ato gracioso de submissão às suas ordens e aos seus ensinamentos.

- *Contentamento* (Fp 4.8). Músicas com letras que exaltam e glorificam o pecado não nos ajudarão a crescer espiritualmente, não importa quanto a melodia seja cativante. Reflita sobre as palavras que você está colocando na sua mente.
- *Associações* (Pv 22.3). Se uma música está associada a determinada pessoa, lugar ou emoção, pode conduzir à tentação. Tome cuidado com isso.
- *Tempo* (Pv 13.20). Passamos muito tempo escutando música. Esse tempo está ajudando o seu crescimento no evangelho ou está atrapalhando?
- *Fruto* (Pv 14.14). Que tipo de fruto a música que você escuta produz em sua vida? São frutos bons ou ruins? Pergunte a si mesmo se a música que você escuta o deixa frustrado, ingrato ou irritado – ou você é inspirado por ela para a piedade?
- *Conversão* (2Co 13.5). É importante lembrar que somente os cristãos têm a capacidade de exercer discernimento na área da música (ou em qualquer esfera da vida). Deus é quem nos dá a capacidade de diferenciar entre verdade e engano, então é somente através dos olhos espirituais que somos capazes de enxergar (e apreciar) a música da maneira correta.[3]

O evangelho também nos orienta sobre aquilo que escutamos, dando-nos a capacidade de verdadeiramente

---

[3] Bob Kauflin, "Escutando música para a glória de Deus", worshipmatters.com, 13 de novembro de 2008, worshipmatters.com/2008/11/13/listening-to-music-for-gods-glory.

apreciar a música. Minha família ama a música profundamente e nós somos uma mistura eclética de diferentes estilos e artistas. Entre nós quatro, gostamos de tudo – música clássica, country, pop, rock, rap e hip-hop, hinos, dance music. Toda essa diversidade de estilos demonstra como as nossas personalidades individuais são emocionalmente afetadas de diferentes maneiras por diferentes músicas. Deus criou a música para isso. Ao longo da Escritura, vemos as pessoas expressando e refletindo suas emoções através da música (Êx 15; Is 12; Sl 98). Isso é um dom.

Martinho Lutero amava música. Leia as palavras dele no prefácio de uma coletânea de motetos: "Eu, Martinho Lutero, desejo a graça e a paz de Deus, o Pai, e do nosso Senhor Jesus Cristo a todos os amantes da livre arte da música! Verdadeiramente desejo que todos os cristãos amem e reconheçam como digno o adorável dom da música, que é um tesouro precioso e digno, dado à humanidade por Deus".[4] Lutero conhecia a bem-aventurada verdade de que o evangelho dá aos cristãos a liberdade de expressar e apreciar a graça de Deus por meio da música. Ao mesmo tempo, o evangelho nos dá a capacidade única de crescer através da música.

---

[4] Martinho Lutero, citado em Bob Kauflin, "Música: dom ou Deus?" worshipmatters.com, 21 de dezembro de 2010, http://www.worshipmatters.com/2010/12/21/music-gift-or-god/.

COMO AVALIAR A MÚSICA QUE VOCÊ ESCUTA

- Estou me submetendo aos meus pais quando escuto isso?
- O conteúdo é verdadeiro e edificante?
- Associo essa música a algo puro e piedoso?
- O tempo que passo ouvindo essa música está ajudando no meu crescimento?
- Que tipo de fruto está sendo produzido em minha vida através dessa música?
- Estou enxergando essa música pelas lentes espirituais?

Preste Atenção ao Crescimento

Zack Zehnder era só um pastor comum em Mount Dora, Florida, até sexta-feira, 7 de novembro de 2014. Usando uma camiseta verde com "50 horas" escrito em um balão de diálogo, o pastor, que, na época, tinha 31 anos, posicionou-se atrás de seu púlpito e pregou o mais longo sermão da história. Ele pregou a Bíblia inteira em 53 horas e 18 minutos.

Qual foi a parte mais difícil? Ele disse:

NOSSO CRESCIMENTO

> De longe, a preparação foi a parte mais difícil do meu discurso [...] Meu objetivo era pregar a Bíblia inteira, de Gênesis a Apocalipse. Então, eu escolhi 50 histórias/assuntos e organizei-os cronologicamente. A partir daí, baseei-me em sermões antigos e tentei complementar os assuntos. Eu tinha anotações e manuscritos para 35 dos 50. Então, eu tive que complementar os outros 15, como em qualquer outro sermão. Considerando tudo, foi equivalente a dois anos de pregações para um pastor normal que prega toda semana.[5]

Talvez isso o ajude a ser mais gracioso com o tamanho da mensagem do seu pastor no próximo domingo! Embora não escutemos 53 horas de pregação a cada semana, como jovens membros da igreja, escutamos sermões (menores) a cada semana. Isso faz parte da cultura do evangelho, pregadores fiéis ensinando regularmente, explicando e aplicando a Palavra de Deus ao seu povo. Escutar esses sermões é uma maneira profunda que Deus providenciou para fazer com que todos os cristãos cresçam espiritualmente, inclusive os adolescentes. Eric McKiddie escreveu: "Adolescentes em quem Deus está trabalhando não recuam diante de um

---

[5] Zack Zehnder, "Esse cara pregou o mais longo sermão do mundo: a Bíblia inteira em 53 horas", The Gospel Coalition (blog), 8 de janeiro de 2015, https://blogs.thegospelcoalition.org/trevinwax/2015/01/08/this-guy-preached-the-worlds-longest-sermon-the-whole-bible-in--53-hours/.

sermão bíblico centrado no evangelho. Em vez disso, eles o recebem com poder e alegria, mesmo que os faça sofrer".[6]

Se os sermões são um catalisador para o nosso crescimento, então devemos refletir seriamente sobre a melhor maneira de ouvi-lo. Tony Reinke escreve: "A vida, a saúde e o crescimento de nossas almas dependem de quanto ouvimos bem. Seremos sábios se constantemente avaliarmos a maneira como estamos ouvindo a Palavra de Deus. Se estivermos ouvindo com descuido, poderemos acabar nos afastando de Deus".[7] Penso no significado de ouvir um sermão com cuidado como um processo de três passos com a letra "P": (1) preparação, (2) prestar atenção, (3) praticar.

TRÊS PASSOS PARA ESCUTAR UM SERMÃO

- *Preparação*. Prepare-se para o sermão descansando bem, passando tempo com a Escritura antes do culto e lutando contra o desejo de divagar e deixar de prestar atenção durante a mensagem.

- *Prestar Atenção*. Pratique o discernimento e faça perguntas a si mesmo ao longo do sermão, como: "Qual é o tema principal da passagem da Escritura? Quais são as principais verdades que o

---

6   Eric McKiddie, "The Impact of Expounding God's Word: Expositional Teaching in Youth Ministry", em *Gospel-Centered Youth Ministry: A Practical Guide*, editado por Cameron Cole e Jon Nielson. Wheaton, IL: Crossway, 2016), p. 56.

7   Tony Reinke, prefácio de *Take Care How You Listen: Sermons by John Piper on Receiving the Word*, editado por Tony Reinke. Minneapolis: Desiring God, 2012, p. 2.

sermão comunica? O que aprendo sobre Deus? O que aprendo sobre o pecado?"

- *Praticar.* Aplique a mensagem à sua vida.

O primeiro passo (*preparação*) exige um "P" adicional: planejamento. Nós preparamos os nossos corpos dormindo bem no sábado à noite e assegurando que estaremos descansados e atentos na manhã de domingo; preparamos nossas mentes ao lutar diligentemente contra o desejo de divagar ou deixar de prestar atenção; e preparamos os nossos corações fixando nossas afeições em Cristo. Uma maneira fácil de fazer isso é lendo sua Palavra antes de ir para a igreja. Já percebi que, quando faço isso (mesmo que eu passe pouco tempo lendo), meu coração fica mais feliz em Cristo, mais gentil com as pessoas e, sim, sinto-me mais receptiva ao sermão.

O segundo passo para ouvir o sermão é *prestar atenção*. É aqui que entra o papel do discernimento – mas, como a minha mãe gosta de dizer, "discernimento com 'd' minúsculo". Se você está em uma igreja bíblica, não deve escutar para criticar ou avaliar injustamente o seu pastor. Você deve ouvir os seus sermões com a expectativa de aprender e crescer. Mesmo assim, deve prestar bastante atenção ao que ele está dizendo e fazer perguntas que demonstram discernimento, como, por exemplo: "Qual é o tema principal da passagem da Escritura? Quais são as principais verdades que o sermão comunica? O que estou aprendendo sobre Deus? O que estou aprendendo sobre o pecado?".

Isso conduz suavemente ao passo final: a prática. Como você deve ter imaginado, essa é a parte em que você aplica a mensagem. Se você tem feito a si mesmo perguntas sobre o que a Palavra de Deus diz e sobre o principal ponto do sermão, essa parte não será muito difícil. Pergunte-se agora: existe algum pecado que você precisa fazer cessar? Há um fruto do Espírito em que você precisa crescer? Você tem enxergado o caráter de Deus de maneira incorreta e incompleta? Existe alguém que você precisa perdoar? Você precisa pedir perdão a alguém? De que maneira isso muda seus planos para a escola amanhã? Um sermão não deve ser um mero exercício intelectual. Ele precisa fazer diferença real em nossa vida cotidiana. Precisa nos ajudar a crescer.

O discernimento inevitavelmente desempenhará um papel maior ("um papel com 'D' maiúsculo", como diria a minha mãe) quando você ouvir ensinamentos de outras fontes, como palestras, podcasts ou sermões na internet. Pergunte a si mesmo se esse ensinamento é uma interpretação correta da Palavra de Deus ou se é uma distorção da verdade. Pergunte a si mesmo se o mestre/pregador fala mais sobre Deus e sua sabedoria ou sobre sua própria experiência. Pergunte a si mesmo se a motivação do que está sendo ensinado é fazer mais obras e se tornar uma pessoa

NOSSO CRESCIMENTO

melhor ou se é viver uma vida centrada na graça e focada no evangelho. Reflita para crescer.

Cresça e Viva

O crescimento não acontece quando nossas mentes estão no piloto automático. Acontece quando interagimos com as ideias que encontramos de maneira consciente, intelectual, espiritual e com entusiasmo. Acontece quando filtramos o que é bom e o que é ruim entre as coisas que nos cercam e escolhemos o que é verdadeiro para fazer o que é certo. O discernimento muda tudo. Como seguidores de Jesus, a nossa vida inteira é diferente por causa do que Deus diz ser verdadeiro ou falso. Para nós, o discernimento e o crescimento andam lado a lado.

E, quando há discernimento e crescimento, demonstramos que estamos espiritualmente vivos. Ou nós crescemos e vivemos ou não crescemos nem vivemos. Não há meio-termo – não há espaço para oscilação, enrolação ou hesitação. O apóstolo Pedro confirma o nosso chamado: "Crescei na graça e no conhecimento de nosso Senhor e Salvador Jesus Cristo" (2Pe 3.18a). Continue aprendendo sobre ele, Pedro diz. Continue vivendo para ele. Continue lendo sobre ele. Continue cantando sobre ele. Continue ouvindo sobre ele. Continue buscando a santificação. Continue amadurecendo.

Cresçam, meus amigos, e vivam.

Nosso crescimento: perguntas para discussão

• O que você acha que Spurgeon quis dizer quando afirmou que o discernimento era a diferença entre o "certo e o quase certo"?

• Por que a falta de discernimento espiritual é um problema tão sério no mundo de hoje? Por que não podemos simplesmente confiar em que tudo que tem o rótulo de "cristão" está verdadeiramente honrando a Deus?

• Ao refletir sobre a sua atual *playlist* e avaliar cada música com base nas "seis palavras e ideias" descritas neste capítulo, existem músicas que precisam ser deletadas? E as outras formas de mídia – televisão, filmes, podcasts e video-games? Há alguma música, programa, filme, jogo ou podcasts que seja mais importante do que obedecer a Jesus?

7
NOSSO TEMPO

Parecia que William e Jonathan não conseguiriam ser mais diferentes, nem mesmo se tentassem. William era filho único, nascido e criado na próspera Inglaterra. Jonathan era um americano típico, com oito irmãos e filho de um pastor de Connecticut. Na adolescência, William vivia em festas e se esforçava ao máximo para ignorar a Deus. Jonathan era um adolescente seguidor de Jesus, que preferia a natureza e a solidão a socializar. William não se importava com seus estudos. Jonathan foi aceito na Yale aos treze anos. William desperdiçou sua adolescência. Jonathan, não.

Mas William não desperdiçou o resto da sua vida. Aos vinte e poucos anos, Deus o salvou e fez com que ele fosse impactado por dois importantes pensamentos. E esses pensamentos o levariam a se unir a Jonathan. O primeiro era que *a vida é curta*; o segundo era que *o tempo é importante*. Posteriormente, William lamentou haver desperdiçado sua adolescência e anotou a seguinte resolução em seu diário: "Resolvo esforçar-me a partir de agora para melhorar o meu plano em relação ao tempo. Espero viver mais do que vivi até agora para a glória de Deus e para o bem das outras criaturas".[1]

O sobrenome de William era Wilberforce, e ele passou os quarenta seguintes anos de sua vida servindo a Cristo e trabalhando para abolir a escravidão na Inglaterra. Ninguém pode dizer que ele desperdiçou a sua vida.

E Jonathan? Jonathan também tinha obsessão por usar seu tempo da maneira correta. Quando ele tinha dezenove anos, começou a escrever resoluções sobre como viver da melhor maneira para a glória de Deus. Resolução nº 5: "Resolvi jamais desperdiçar um só momento do meu tempo, mas desfrutá-lo da maneira mais proveitosa possível". A Resolução nº 7 foi: "Resolvi nunca fazer nada de que eu teria medo caso fosse a última hora da minha vida".

O sobrenome de Jonathan era Edwards. Ele pregou o sermão que deu início ao Grande Avivamento dos Estados

---

1 William Wilberforce, citado em METAXAS, Eric. *Amazing Grace: William Wilberforce and the Heroic Campaign to End Slavery*. Nova York: HarperCollins, 2007, p. 64.

Unidos e tornou-se um dos mais famosos pregadores e escritores que os Estados Unidos já tiveram. Ninguém jamais disse que ele desperdiçou a própria vida.

O Que Há de Tão Importante Sobre o Tempo?

Cristãos falam muito sobre o tempo. Dizem que devemos remir o tempo, fazer coisas difíceis e não desperdiçar nossas vidas. A maioria de nós já ouviu falar sobre essas coisas centenas de vezes e temos muita familiaridade com elas. São o tipo de coisa com que todo seguidor de Jesus concorda, mas, quando se trata de praticar diariamente, estamos perdidos. Dizemos, postamos e lemos as palavras, mas, na prática, vivemos como se não acreditássemos nelas.

Concordamos que o evangelho transforma quem somos. Transforma a forma de nos relacionarmos com a igreja, é claro. Transforma nossas práticas, a maneira como pensamos sobre o pecado, o discernimento, a leitura, a música, os sermões, as redes sociais – confere, confere, confere. Mas o que fazer nesta manhã? É aí que empacamos. Como o evangelho transforma o meu sábado? É aí que caímos na armadilha do egoísmo, e, de repente, a maneira como passamos nosso tempo é igual àquela como todo mundo passa. Estamos atolados de tarefas, desfalecendo de preguiça ou presos no limbo. Precisamos de ajuda.

Mas, antes disso, vamos retroceder por um instante e perguntar: *Por que precisamos ter essa conversa*? Por que essa questão do tempo é tão relevante? Primeiro, porque o tempo é, sim, extremamente importante. Jonathan Edwards defendia que o tempo é mais valioso até do que o dinheiro. A linha de raciocínio dele era que o dinheiro perdido pode ser recuperado, mas o tempo perdido, não. A soma daqueles cinco minutos aqui e ali são dias, semanas e anos. São a sua vida inteira. A maneira como você passa o seu dia tem impacto eterno.

Além disso, Deus nos manda usar bem o nosso tempo. Efésios 5:16 nos chama para "remir o tempo, porque os dias são maus". Vivemos em uma época idólatra, e a Palavra de Deus exige que nossas vidas sejam diferentes daqueles que nos cercam. Ela nos chama a investir nossos minutos e horas em atividades que trazem honra a Jesus, e não naquelas que trazem prazer temporário para nós mesmos (Cl 4.5).

Por último e talvez a questão mais importante é que o tempo não pertence a nós mesmos. Somos apenas administradores desta vida e somos responsáveis diante de Deus pelo que fazemos com nossas vidas (1Pe 4.10). Essa é a verdade profunda que perdemos de vista. Esquecemos que nosso papel no uso do nosso tempo não é sermos mestres, mas administradores. Foi Deus quem nos deu esta vida e ela pertence a ele. Não temos a liberdade para fazer qualquer coisa que quisermos com o nosso tempo. Assim como ele nos confiou determinada quantidade de dinheiro e de talentos, devemos cuidar das posses dele. E vamos responder pelo que fizermos com elas.

Como exatamente usamos o tempo dele?

Como Desperdiçar o Seu Tempo

Jonathan Edwards tinha um medo enorme de desperdiçar o tempo. Assustadoramente enorme. Ler suas resoluções sempre me deixa mais pensativa. Quem, aos dezenove anos, escreve algo como: "Resolvi nunca mais fazer algo de que eu teria medo se eu estivesse a uma hora do soar da última trombeta"? Mas Edwards entendia algo que, com frequência, não entendemos. Ele sabia que a vida é curta e só é significativa se for vivida para a glória de Deus. Ele sabia que o desperdício de tempo era consequência direta de tirarmos nossos olhos do evangelho.

O problema é que nós *tiramos* nossos olhos do evangelho e, por isso, acabamos desperdiçando o tempo. Aliás, desperdiçamos tempo todos os dias. Repetidas vezes, caímos em determinadas armadilhas. Deixe-me mostrar.

- Não fazer as coisas que você sabe que deve fazer
- Abusar das mídias
- Estar ocupado com as coisas erradas pelas razões equivocadas
- Esquivar-se de seus problemas com distrações
- Não descansar

Desperdiçamos Tempo Quando Não Fazemos o Que Deveríamos Fazer

Como cristãos, somos chamados para uma vida de trabalho árduo e boas obras, e somos indolentes quando negligenciamos nossas responsabilidades e preferimos a mediocridade. Todos os dias, existem milhares de coisas que devemos fazer. Das atividades triviais às mais importantes, temos afazeres domésticos, temos de estudar e trabalhar, temos oportunidades para ler, brincar com nossos irmãos, apreciar o pôr do sol, lavar os pratos, orar, escrever, exercitar, pegar o leite no mercado e buscar o fruto do Espírito (Gl 5.22–23).

Em Efésios 2.10, Paulo escreve: "Pois somos feitura dele, criados em Cristo Jesus para boas obras, as quais Deus de antemão preparou para que andássemos nelas". Paulo enfatiza que somos a criação, a *imagem*, de um Deus infinitamente bom e, portanto, fomos criados para fazer o bem. E Deus já preparou essas boas obras para que fossem praticadas por nós. Desperdiçamos tempo quando não buscamos essas boas obras – ou quando, depois de encontrá-las, escolhemos não praticá-las. Tiago chega ao ponto de dizer que, se você sabe o que deve fazer e não faz, isso é pecado (Tg 4.17).

Constantemente, existem oportunidades de servirmos e sermos gentis. Só precisamos nos posicionar e agir. Quando desperdiçamos essas oportunidades, elas não voltam. Não desperdice o seu tempo pela desobediente falta de ação. Aproveite a oportunidade para fazer o bem para a glória de Deus.

Desperdiçamos Tempo Quando Abusamos da Mídia

Aqui está – a conversa obrigatória sobre mídia, na qual apresento as estatísticas dos estudos de milhões de dólares que mostram que o típico adolescente costuma ficar, em média, vinte horas por semana em frente à televisão e que teremos visto trinta e cinco mil comerciais até completarmos dezoito anos.[2] Isso não inclui as dezenas de horas que passamos toda semana na internet ou os incontáveis minutos em nossos smartphones. E isso sem levar em conta quanto tempo passamos em cada rede social – Facebook, Instagram, Twitter, Snapchat.

Não me interprete mal. Essas estatísticas podem ser úteis em determinados contextos. Mas para nós? Saber que uma equipe de especialistas desconhecidos afirma que eu vejo televisão demais em uma semana não é benéfico nem causa nenhum impacto. O mais provável é que eu já saiba disso. Sei que estou desperdiçando o meu tempo quando deixo as boas obras de lado para mexer no Pinterest ou assistir a um filme em vez de fazer o meu devocional.

Mas será que me dou conta de que passar tempo nessas coisas de maneira aparentemente inocente pode, na verdade, ser pecaminoso? Percebo que terei de prestar con-

---

2 "Media Literacy: Fast Facts", Teen Health and the Media, acessado em 29 de junho de 2016, http://depts.washington.edu/thmedia/view.cgi?section=medialiteracy&page=fastfacts.

tas a Deus por abusar dos meus minutos? Eu poderia estar transformando o mundo, transformando a minha vida, mas estou aqui sentada desperdiçando o meu tempo. Realmente consigo entender isso? Acho que não. Não compreendo que sou responsável por todo o tempo que gasto com a mídia. No momento, só estou pensando que uma coisa leva a outra, e o tempo, você sabe, simplesmente foge de mim.

    E aqui vai uma revelação: não estou usando o "eu" para que você se sinta melhor. É um problema pessoal que eu tenho. Há alguns anos, meus pais e eu realizamos um experimento em que eu registrava cada minuto que eu passava no computador, monitorando quanto desse tempo destinava-se ou não à escola. Depois de algumas semanas, sentamos para ver o resultado. Os números me deixaram chocada e envergonhada, mas também mais humilde e desejosa de ser mais cuidadosa. Aprendi que aqueles minutinhos aqui e ali se acumulam rapidamente. Os minutos viram horas e as horas viram dias.

    Faça esse experimento. Mantenha um caderno ao lado de seu computador. Ou baixe Toggl, que é um aplicativo gratuito para monitorar o tempo. Consiga alguém para prestar contas. Não será a coisa mais divertida da sua vida, mas você será uma pessoa diferente depois de ter feito isso. Às vezes, só precisamos enxergar a realidade.

NOSSO TEMPO

Desperdiçamos Tempo Quando Nos Ocupamos com as Coisas Erradas pelas Razões Erradas

Em si mesmo, não é pecado estar ocupado. Podemos estar ocupados com as coisas certas e por todas as razões corretas. Mas estar atarefado *pode* tornar-se pecaminoso. Pergunte a William Wilberforce. Antes de ser salvo, Wilberforce vivia loucamente atarefado. Mas, depois de sua conversão, ele olhou para trás para ver como sua vida realmente era – ocupado com glutonaria, jogos de azar, promiscuidade sexual, piadas sujas, bebedeiras e conversas sobre centenas de coisa sem importância. Ele se referia a essa época como "o desperdício dos mais valiosos anos de sua vida, oportunidades que se perderam e nunca poderiam ser recuperadas".[3] Talvez você não fique bêbado em festas toda semana, mas suponho que às vezes você ocupe seu tempo com coisas erradas.

Não estou falando de um emprego, de uma escola ou do tempo que você passa com bons amigos ou com a família. Não estou falando do tempo que passa cultivando bons hábitos. Falo do tempo que você passa em algum lugar ao qual não deveria ir, na companhia de alguém com quem não deveria estar ou em atividades que são (1) pecaminosas ou (2) não valem a pena à luz da eternidade.

---

3 William Wilberforce, citado em HARRIS, Alex e Brett. *Radicalize: um desafio para fazer diferença na adolescência*. São Paulo: Mundo Cristão, 2010.

Com frequência, sou culpada de cair nessa segunda categoria. Você precisa saber que eu sou uma pessoa obsessiva. Quando me interesso por algo novo, envolvo-me por completo. Corro o risco de ser consumida por aquilo. Há alguns anos, era o que acontecia com romances policiais. Descobri a escritora britânica de romances policiais Agatha Christie na mesma época em que comecei a assistir a uma antiga série policial na TV. As histórias eram instigantes, os personagens eram empolgantes, sagazes e surpreendentes. Eu os amava. Eu estava devorando dezenas de histórias policiais nos livros, nos filmes e na TV. Cheguei a ter a ideia genial de dar uma festa com tema de histórias policiais, o ponto alto da minha obsessão!

Depois, em determinada noite, tudo mudou. Depois de ler um livro da Agatha Christie antes de dormir, eu tive um sonho. Inicialmente, não estava muito estranho. Eu preparava uma bebida – leite achocolatado ou talvez fosse limonada ou ponche de frutas. Naturalmente, acordei com sede e peguei o copo d'água que estava na mesinha de cabeceira. Ao levantar o copo na direção dos meus lábios, senti um cheiro. Quando olhei, vi uma gosma branca e grossa na água, uma gosma que não estava lá quando fui dormir.

Só havia uma explicação lógica: alguém estava claramente tentando me envenenar.

Era exatamente como o filme ao qual eu tinha acabado de assistir em que a mulher envenenava o copo d'água daquele cara e ele bebia no meio da noite e morria. E agora estava acontecendo comigo! Mas por quê? E quem era o responsável? Como haviam conseguido isso? Isso tudo era tão emocionante!

Exatamente um segundo e meio depois, vi que o frasco com a loção para mãos estava aberto ao lado do copo d'água. E lá se foram o veneno e o mistério. Olha, eu sou sonâmbula e parece que, enquanto eu dormia, apertei o frasco com a loção na água (e por isso estava fazendo o suco em meu sonho). Foi o que me fez acordar (literal e figuradamente) para o fato de que eu estava desperdiçando tempo demais com histórias policiais. Eu estava tão obcecada que vinha pensando em morte e veneno enquanto dormia. Então, parei com os romances policiais, com os programas e com os filmes, e comecei a investir meu tempo em outras coisas, em coisas melhores. Ainda gosto de apreciar um bom filme policial de vez em quando, mas não dedico mais tanto tempo a eles.

O que é o seu "filme policial"? O que você está fazendo hoje que não vale a pena à luz da eternidade? Você está deixando as oportunidades passarem? Você está desperdiçando boas obras? O que você pode mudar?

Desperdiçamos Tempo Quando Nos Esquivamos dos Nossos Problemas
Às vezes, queremos estar ocupados porque não desejamos lidar com determinados problemas. Nossas ocupações tornam-se uma desculpa para não lidarmos com a

realidade. Quando não temos tempo para sentar e jantar em família, não precisamos lidar com o ressentimento oculto. Quando não temos tempo para nos inscrever para o vestibular, não precisamos lidar com as expectativas de nossos pais. Quando não temos tempo para estudar com nossos amigos, não precisamos lidar com a bagagem emocional deles. Toda essa ocupação nos proporciona a atraente sensação de fuga.

Mas essa é a maneira absolutamente errada de lidar com os nossos problemas. Nossas vidas fazem parte de algo maior e mais importante do que nós. Fugir temporariamente dos nossos problemas através das ocupações é simplesmente adiar o inevitável; continuaremos tendo de lidar com a vida. Ignorar os problemas não faz com que se resolvam. Adiá-los causa mais males do que bem – só nos leva a desperdiçar tempo e nos enche de estresse.

É claro que há ocasiões em que estar ocupado é uma explicação completamente honesta e válida. Mas precisamos analisar os nossos corações. Estamos usando nossas ocupações como uma distração ou genuinamente temos de cuidar de outras responsabilidades? Qual é a raiz de nossos sentimentos e atitudes? Estamos *realmente* ocupados?

Desperdiçamos Tempo Quando Não Descansamos
Há uma grande diferença entre preguiça e descanso. A preguiça é um período de tempo egoísta que passamos violando o mandamento de Deus; é fechar-se em si mesmo

e estar ocioso quando você é chamado para trabalhar. Por outro lado, o descanso é um método de adoração dado por Deus, que nos permite descansar corações e mentes. A preguiça é ruim, mas o descanso é muito, muito bom. Por que você acha que ele nos deu um dia de sabbath?

Há divergências sobre o significado do sabbath em nossos dias, mas todos concordam com uma coisa: Deus manda descansar (Êx 23.12). No Antigo Testamento, isso significava que, a cada sete dias, os israelitas deveriam passar um sem trabalhar. No Novo Testamento, Jesus reinterpretou o mandamento, revelando sua essência – o descanso é bom. Deus ordena o descanso, estima o descanso e até nos serviu de modelo em seu próprio descanso (Gn 2.1-3).

Portanto, quando a ocupação o impede de descansar, você está violando o mandamento de Deus em sua vida. Jen Wilkin escreve: "O Deus que nos dá descanso para a alma ordena a adoração em forma de descanso corporal. O adorador é abençoado na obediência".[4] Quando oramos juntos em família, Travis frequentemente pede ao Senhor para nos dar uma boa noite de sono, a fim de que possamos acordar renovados e prontos para servi-lo novamente pela manhã. Travis entende o que frequentemente não percebo: o descanso nos torna melhores trabalhadores e melhores adoradores.

---

4   Jen Wilkin, "Of Summer's Lease and Sabbath-Song, *TheGospelCoalition.org*, 16 de junho de 2013, https://www.thegospelcoalition.org/article/of-summers-lease-and-sabbath-song.

Como Remir o Tempo

Se é assim que desperdiçamos o tempo, como podemos remi-lo? Jonathan Edwards tomou uma resolução: "Viver com todas as minhas forças enquanto estiver vivo". Como podemos fazer isso? Quero compartilhar do mesmo desejo apaixonado de Edwards de usar toda a minha vida para a glória de Deus. De que maneira o evangelho determina e molda a forma como usamos o tempo? Quando olhamos para a Escritura, descobrimos que Deus não nos deixa no escuro. Em vez disso, encontramos princípios práticos para buscar seu reino e remir o tempo.

Remimos o Tempo Dando (Fazendo e Sendo) o Nosso Melhor

Meu pai sempre fala que os cristãos devem ser conhecidos como os melhores empregados no próprio ambiente de trabalho. Ele não quer dizer que necessariamente precisam ter mais habilidades ou mais conhecimento, mas que precisam ser os que trabalham mais duro. Precisam ser os mais íntegros e mais diligentes. Precisam ser os que se entregam de coração para dar o melhor que podem, pois não trabalham somente para receber um salário. Em última análise, é para a glória de Deus que trabalham. Isso está diretamente alinhado com o apelo de Paulo: "Tudo quanto fizerdes, fazei-o de todo o coração, como para o Senhor e não para homens" (Cl 3.23).

NOSSO TEMPO

- Dar (fazer e ser) o seu melhor
- Desfrutar dos presentes de Deus
- Sacrificar o ídolo do conforto
- Viver à luz da eternidade

Infelizmente, nossa sociedade tem promovido uma cultura de complacência em que não se espera que os adolescentes trabalhem duro e não são incentivados nesse sentido. Tornou-se assustadoramente fácil fazermos o mínimo possível ou um pouco menos do que deveríamos fazer e sermos elogiados. Mas isso é fazer mau uso do tempo. Às vezes, damos menos que o nosso melhor porque... por quê? Porque nos cansamos de trabalhar duro quando é algo que ninguém mais está fazendo? Porque sentimos que nossos esforços estão sendo desperdiçados? Porque outras pessoas nos odeiam por causa disso? Embora essas explicações possam ser verdadeiras, estão aquém da realidade do evangelho. No fim das contas, elas evaporam porque a nota A que tiramos não é a única coisa que Deus vê. Ele olha para o nosso coração. A diligência começa na mente com uma atitude que nos separa do mundo. Deus deseja um coração que dá o melhor para servi-lo.

Remimos o Tempo Desfrutando dos Presentes de Deus
Existem muitas coisas maravilhosas neste mundo – arte, folhas do outono, risos, boas conversas, sorvetes, jardins com flores, churrascos no verão, bonecos de neve,

moletons, contos de fadas, tortas, parquinhos. Deus deu aos seus filhos presentes muito bons para a nossa pura e completa alegria. Não deixe de aproveitá-los. Quando você se afasta de desfrutar do prazer das coisas que Deus lhe deu, está fazendo mau uso do tempo.

É fácil entrarmos em nossa pequena bolha, onde nossos problemas, preocupações e temores nos cercam de maneira exclusiva. Eu luto contra essa tendência de me fechar, de enterrar minha cabeça nos livros didáticos, de me sentir tão inquieta quanto ao futuro que simplesmente faço as coisas de uma forma mecânica, negligenciando a magia da vida. Não faça isso. Eu preciso intencionalmente escolher dar um passo para fora da bolha, fechar o livro, desligar o meu celular, desligar o computador, cortar as distrações e abraçar a maravilha da vida.

G. K. Chesterton analisa a nossa condição de maneira comovente: "Estamos perecendo porque deixamos de nos maravilhar, mas não por falta de maravilhas".[5] Simplesmente olhe ao seu redor e respire a vida de olhos abertos. Não esteja tão ocupado a ponto de não conseguir apreciar as bênçãos de Deus. Joe Rigney, em sua obra *As coisas da terra*, acrescenta o seguinte: "Às vezes, um prazer é só um prazer. Ponto-final. Deus é honrado por você desfrutar dele, por ser grato a ele e porque ele gera frutos em sua vida para o reino.

---

5   G. K. Chesterton, citado em in Bill Goodwin, "Wondering Why", *First Things*, 13 de dezembro de 2012, https://www.frstthings.com/web-exclusives/2012/12/12/wondering-why.

Então, simplesmente receba o presente como um dos muitos prazeres de sua destra".[6]

Remimos o Tempo Quando Abrimos Mão do Ídolo do Conforto

A maioria de nós tem vidas relativamente confortáveis. Em certo sentido, não há nada de errado nisso. Deus é aquele que o colocou em sua circunstância específica e você deve alegrar-se com o que lhe foi dado (veja o último ponto). Mas o nosso conforto, com todas as outras coisas que temos (telefones, casas, roupas, corpos), pode tornar-se um ídolo. Quando começamos a elevar o status que essas coisas têm em nossas vidas, acabamos construindo um altar para elas.

E um altar nunca permanece fora de uso. Começamos a adorar e a sacrificar nele. Talvez o sacrifício seja o compartilhar do evangelho porque é algo que nos deixa constrangidos. Talvez o sacrifício seja a nossa igreja ou amigos e mentores piedosos. Talvez o sacrifício sejam as doações ou a compaixão. E talvez a gente adote coisas alternativas que nos colocam dentro de uma bolha de conforto que nos recusamos a estourar.

Remir o tempo é escolher estourar essa bolha. É abrir mão da facilidade do conforto por amor maior ao evangelho. Às vezes, precisamos abrir mão do conforto. De verdade. Existem muitas coisas melhores a serem feitas do

---
6 RIGNEY, Joe. *As coisas da terra*. Brasília: Editora Monergismo, 2017.

que simplesmente estar confortável – coisas como falar de Jesus para alguém, honrar alguém de quem você não gosta, a comunhão, orar com alguém, confrontar um amigo sobre o pecado e atitudes como posicionar-se em favor do que é correto. Não permita que o conforto o deixe complacente.

Remimos o Tempo Vivendo à Luz da Eternidade

À luz da eternidade, esta vida é somente uma gota em um balde gigantesco. Randy Alcorn disse o seguinte: imagine a eternidade como uma linha que se estende ao infinito e esta vida como um pequeno ponto no início da linha. A pessoa inteligente, segundo ele, não vive para o ponto; vive para a linha.[7] Em outras palavras, o que fazemos, como passamos o hoje, o amanhã e todos os dias até a nossa morte, tudo deve ser vivido com a eternidade em mente. Não deve ser uma reflexão que deixamos para depois, mas uma verdade estabelecida que motiva nossas manhãs de segunda-feira, uma verdade real para a vida real. Deve alimentar nosso desejo de nos apegarmos à vida com paixão e com um propósito, e de viver diariamente para o reino de Deus. "O homem é como um sopro", escreveu Davi no Salmo 144.4, "os seus dias, como a sombra que passa".

A Vida é Curta, então como Você Pretende Usá-la?

Tudo isso foi para dizer que a nossa vida nesta terra é curta. Em *O escolhido*, Chaim Potok ilustra isso com as

---

[7] Extraído de ALCORN, Randy. *Heaven*. Carol Stream, IL: Tyndale, 2004, p.420.

sábias palavras de um pai a seu filho, Reuven.

> Seres humanos não vivem para sempre, Reuven. Se compararmos a nossa vida à eternidade, sua duração é menor do que o tempo que demora para piscar um olho [...] Aprendi isso há muito tempo, Reuven, que o piscar de um olho não é nada em si mesmo, mas um olho que pisca é alguma coisa. A duração de uma vida não é nada. Mas o homem que vive durante esse tempo é alguma coisa.[8]

Cada um tem uma piscada de olhos. Podemos desperdiçá-la com a ocupação pecaminosa, com a preguiça, com o descontentamento ou com a distração. Ou o evangelho de Jesus pode mudar a maneira como passamos o tempo. Viver para ele significa que enxergamos a nossa vida como sendo dele. Significa que nos apegamos à vida com propósito e paixão. Significa que fazemos, damos e somos o nosso melhor; desfrutamos dos presentes de Deus; sacrificamos o ídolo do conforto; e vivemos à luz da eternidade. Significa que resolvemos, como o adolescente Jonathan Edwards, viver com todas as nossas forças enquanto vivemos aqui.

O tempo faz parte da essência. O que você fará agora?

---

8 POTOK, Chaim. *The Chosen*. Nova York: Random House, 1967, p. 217.

Nosso tempo: perguntas para discussão

• Em que áreas específicas você tem mais dificuldade para deixar de desperdiçar tempo? O que você pode fazer para corrigir isso?

• Por que Deus quer que descansemos? Por que o descanso é tão importante?

• Liste alguns presentes bons, felizes e comuns que Deus lhe deu.

8
NOSSOS RELACIONAMENTOS

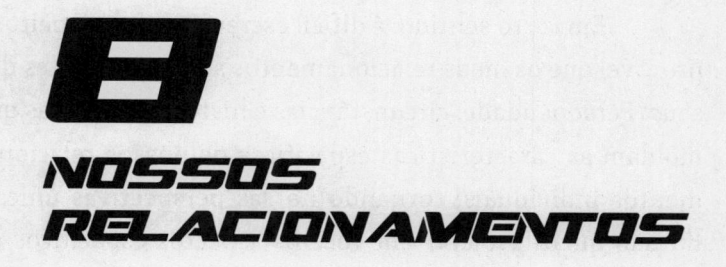

Ao longo deste livro, abordamos a seguinte questão: *Como é, para os adolescentes, viverem uma vida transformada pelo evangelho?* Vimos como o evangelho causa impacto em toda a nossa identidade, em nosso relacionamento com a igreja local, em nosso pecado e arrependimento, em nossas disciplinas espirituais, em nossos hábitos de entretenimento, em nosso aprendizado e crescimento, e também em nosso tempo. Tendo chegado até aqui, só resta um lugar para ir: como o evangelho transforma os nossos relacionamentos com as pessoas.

Em certo sentido, é difícil escrever a esse respeito. É provável que os meus relacionamentos sejam diferentes dos seus. Personalidade, circunstâncias e história são coisas que moldam as características específicas de nossos relacionamentos individuais, tornando nossas perspectivas únicas. Eu não quero projetar em você os aspectos específicos de meus relacionamentos e deixar de fora aqueles com que não consegue se identificar.

Desse modo, você encontrará mais princípios e menos prática nas próximas páginas. Quero que você tenha uma visão ampla, do tamanho do Grand Canyon, sobre os relacionamentos centrados em Cristo para nós, adolescentes, e depois quero deixá-lo dar um zoom no que isso significa para a sua própria vida. Quero fazer as rodas do seu cérebro girarem e, em seguida, deixá-lo aplicar esses princípios em seus próprios relacionamentos. Então, aproveite este capítulo da maneira que considerar melhor.

Relacionamentos São Muito Bons

Mas, em primeiro lugar, deixe-me levá-lo ao ano de 1959, para apresentá-lo a Mike Ferris. Mike tem amnésia. Ele abre os olhos e se vê em um restaurante vazio, trajando um uniforme de voo da força aérea, sem saber quem ele é ou por que está ali. Ele deixa o restaurante, esperando se encontrar com alguém ou pelo menos descobrir onde está. Ele caminha por uma estrada de terra batida até chegar a uma pequena cidade chamada Oakwood. Mas o lugar também está misteriosamente abandonado. Embora existam sinais de vida em todo lugar – uma cafeteira borbulhante no fogão, luzes acesas no cinema, a pia com água pingando –, não há pessoas. A preocupação de Mike cresce e ele se sente ainda mais confuso e desesperado. Onde todos estão?

Aos poucos, seu medo vai-se tornando completa histeria e ele corre freneticamente pela cidade vazia, à procura de alguém – qualquer pessoa. Mas não consegue encontrar ninguém. Até que ele finalmente desaba perto de uma calçada e aperta o botão de pedestre, implorando por ajuda.

Mas as coisas nem sempre são como parecem. Nesse episódio de *Além da imaginação*, Mike não está apertando o botão de pedestre. Ele está apertando o botão de pânico. E ele não está em Oakwood. Na verdade, ele está em um quartel militar, preso em uma cabine de isolamento há 484 horas e 36 minutos. Mike é um astronauta em treinamento que está sendo testado sobre sua capacidade de suportar o estresse psicológico de uma viagem de ida e volta à Lua. Oakwood e todo o resto eram uma alucinação, pois ele simplesmente não conseguiu suportar o fardo da solidão. Sem as pessoas, ele literalmente enlouqueceu. Emocionalmente, fisicamente, mentalmente e espiritualmente, Mike descobriu que os relacionamentos são necessários – e não somente necessários, como também bons.

Nós sabemos disso não por causa do personagem fictício Mike, mas por causa do Deus completamente verdadeiro. Foi esse Deus quem inventou os relacionamentos (Gn 2.18-22) como um feliz reflexo de si mesmo (Gn 1.26-27). Deus é um ser relacional (pense no relacionamento perfeito e satisfeito entre as três pessoas da Trindade). A necessidade de Adão por Eva não era uma fraqueza ou um erro fatal. Era uma mera expressão de sua humanidade. As pessoas precisam de pessoas. É assim que o mundo de Deus funciona.

Os relacionamentos são uma corrente indissolúvel e imbatível que se encontra ao longo de toda a narrativa da história de Deus. Dentro de cada um de nós, há um desejo fundamental de pertencer a uma comunidade e um medo igualmente básico da solidão. Em sua misericórdia, Deus nos dá pessoas para satisfazer esse desejo. Ele nos deu famílias. Ele nos deu amigos. Ele nos deu colegas de classe e colegas de trabalho. Ele nos deu igrejas.

Intuitivamente, sabemos que existe algo de errado no isolamento. Provérbios 18.1 confirma essa intuição: "O solitário busca o seu próprio interesse e insurge-se contra a verdadeira sabedoria" (Pv 18.1). A razão é que o reino de Deus não é edificado em torno de solitários: ele prospera e cresce na comunidade. Lembre-se do capítulo 3 deste livro – Deus reflete sua glória através da comunidade da igreja. Relacionamentos são uma rica bênção. Desde o princípio, tudo foi criado para ser assim.

NOSSOS RELACIONAMENTOS

Relacionamentos São Uma Bagunça e Tanto

Mas, como todo o resto na história de Deus, o pecado bagunçou as coisas. Eu baguncei as coisas terrivelmente. Quando Adão e Eva desobedeceram, os relacionamentos perfeitos, que funcionavam tão bem no jardim do Éden, repentinamente foram rompidos. Primeiro, o relacionamento entre o homem e Deus foi rompido. Depois, o relacionamento entre o homem e a mulher foi rompido. Como os males escapando da Caixa de Pandora, os relacionamentos rapidamente se degringolaram em vergonha, conflito, inveja e amargura. O pecado estragou os relacionamentos.

Atualmente, precisamos lidar com os estragos da invasão do pecado. Nesta terra, nunca encontraremos uma interação perfeita e pacífica com as pessoas. À luz disso, existem determinados perigos que enfrentamos em nossos relacionamentos, especialmente dois.

O primeiro é a *idolatria*. Há uma tentação à espreita de colocar as pessoas em um pedestal, o desejo de deixá-las ocupar lugares em nossos corações que pertencem somente a Deus. O mundo grita isso para nós, implorando para colocarmos nossa confiança nas pessoas. E sejamos honestos: trata-se de um clamor persuasivo. Pessoas que amamos muito estão ao nosso redor o tempo inteiro. Podemos tocá-las, vê-las e abraçá-las. Mas o evangelho revela que, em última análise, são ídolos ocos, incapazes de satisfazer as nossas almas. São incapazes porque não são Deus. Somente ele pode nos satisfazer da maneira como almejamos.

O segundo perigo que os relacionamentos proporcionam é o *egoísmo*. Isso também é idolatria, mas é um tipo específico de idolatria: a idolatria de si mesmo. Essa idolatria nos coloca no trono de nossos relacionamentos, dando-nos uma desculpa para tratar as pessoas como veículos de nossa felicidade. Faz com que os nossos relacionamentos sejam sobre a recompensa pessoal, inteiramente focados no lucro. Faz com que sejamos exigentes em vez de bondosos, invejosos em vez de gratos, arrogantes em vez de humildes. Cria-se um foco em si mesmo tão obsessivo que, irracionalmente, nos colocamos como o bem e a glória dos nossos relacionamentos. É o receber sem o doar.

Relacionamentos Têm Um Só Propósito

Acho que todos nós somos capazes de ver qual é o atrativo mundano desses relacionamentos. São fáceis. São confortáveis. São completamente sobre nós. O mais difícil é nos libertarmos dessa mentalidade. A abnegação é muito mais arriscada. Mas desde quando seguir Jesus é fácil e confortável? Nunca. Aliás, Jesus nos prometeu que o contrário seria verdadeiro (Mc 8.34). Rejeitar a idolatria e o egoísmo é mais difícil, mas é uma implicação direta da obra do Espírito em nossas vidas. Com as lentes do evangelho, nós vemos as tentações, mas lutamos contra elas em vez de abraçá-las. Onde antes andávamos na idolatria egoísta, hoje decidimos percorrer um caminho mais estreito. E esse caminho se caracteriza por um novo propósito, um propósito que derruba

NOSSOS RELACIONAMENTOS

o egoísmo e marca cada relacionamento que temos. E bem aqui, pessoal, está o ponto principal deste capítulo, a questão central:

> O evangelho transforma os nossos relacionamentos ao nos dar um só propósito neles: *tornar-nos mais parecidos com Jesus*.

Só cinco palavras. O evangelho significa que todos os seus relacionamentos devem ser sobre tornar-se mais parecido com Jesus quando você faz o bem para as pessoas. Na Escritura, há uma maneira clara de isso acontecer: amor. Não importa com quem você está interagindo, se você está no Facebook ou face a face, não importa que tipo de relacionamento você tem, o evangelho é um chamado para amar (Rm 13.8).

Somos chamados para amar sacrificialmente. "O amor [...] não procura os seus interesses" (1Co 13.5). O amor abre mão pelo bem do outro em coisas que podem ser tão pequenas quanto um pedaço de bolo de chocolate ou tão grandes quanto um sonho que muda toda uma vida. O amor deixa de focar em si mesmo e busca servir com gratidão.

Somos chamados para servir com genuína alegria. "O amor [...] não se exaspera, não se ressente do mal; não se alegra com a injustiça, mas regozija-se com a verdade" (1Co 13.5-6). O amor em nossos relacionamentos se manifesta como a verdadeira felicidade pelas pessoas e a celebração (não o ressentimento) por seus triunfos e alegrias.

Somos chamados para amar com paciência. "O amor é paciente" (1Co 13.4). O amor, diz Paulo, não se frustra quando está esperando por um irmão, não fica com raiva quando seus planos são frustrados ou irritado com garçons ocupados. O amor é compreensivo com as pessoas.

Somos chamados para amar com encorajamento. "Consolai-vos, pois, uns aos outros e edificai-vos reciprocamente, como também estais fazendo" (1Ts 5.11). O amor naturalmente colhe o encorajamento – textos compartilhando versos, ligações para orar, encontros para tomar café e conversar sobre a Escritura ou sobre os problemas e as alegrias da vida e, às vezes, somente para fazer companhia no silêncio.

Um Vislumbre dos Relacionamentos na Vida Real

Você é chamado para amar assim em todos os seus relacionamentos. Rejeite a idolatria, rejeite o egoísmo e ame cada pessoa que você conhece com sacrifício, alegria genuína, paciência e encorajamento. Diferentes relacionamentos podem oferecer diferentes desafios, oportunidades, tentações e responsabilidades que são inerentes ao contexto específico. Em minha vida, existem quatro tipos de relacionamentos que tomam o meu tempo e me chamam para amar de diferentes maneiras. São os relacionamentos com meus pais, com meus irmãos, com meus amigos e com o sexo oposto. Suponho que a maioria desses relacionamen-

NOSSOS RELACIONAMENTOS

tos também exista na sua vida ou pelo menos relacionamentos semelhantes. Vamos analisá-los nas próximas páginas e espero que isso seja uma inspiração para tomarmos atitudes concretas no sentido de nos tornar mais parecidos com Cristo para as pessoas que conhecemos.

Pais

Logan é um seguidor de Jesus de treze anos e está tentando ser fiel em todas as áreas da vida. Mas isso é algo especialmente difícil no relacionamento com seus pais. Eles nunca tiveram um relacionamento próximo e ele constantemente tem dificuldade para honrá-los. Compreendo como ele se sente – não a parte do relacionamento distante (meus pais e eu nunca tivemos esse tipo de problema), mas a parte da honra. Quase todo adolescente cristão já ouviu o quinto mandamento (Êx 20.12), mas todos nós temos dificuldades para viver o que ele diz. É uma das coisas que a Escritura explicitamente direciona aos jovens, então quero saber o seguinte: *Como exatamente honramos nossos pais e mães?*

COMO AGIR EM RELAÇÃO AOS PAIS

- Aprender com a sabedoria deles
- Obedecer à autoridade deles
- Amadurecer com base em sua disciplina
- Ser grato por seu cuidado
- Tratá-los com bondade genuína

A honra começa quando procuramos saber quem são os nossos pais. Não estou falando de saber o nome deles ou de quem a sociedade – ou você mesmo – pensa que eles são. Estou falando de quem Deus diz que eles são. E a Bíblia nos oferece um retrato bastante completo e atrativo de pais cristãos. Eles são:

• **Professores** (Pv 1.8–9). Os pais são nossos instrutores primários, as pessoas que moldam boa parte de nossas crenças fundamentais. Eles ensinam a você sobre Deus e todo o resto: sexualidade, culinária, educação, amizade, beleza, política, etiqueta e linguagem. Foi assim que Deus projetou para ser (Pv 13.1).

• **Autoridades** (Ef 6.1). Não são todos os pais por aí que têm autoridade legítima sobre você, mas os *seus* pais têm. Honrá-los significa reconhecer que a autoridade deles foi dada por Deus e deve ser levada a sério.

•**Disciplinadores** (Pv 13.24). Como são autoridades sobre você, seus pais também têm autoridade para disciplinar. Embora a disciplina seja inerentemente dolorosa (tanto para você como para eles), eles são chamados para praticá-la visando ao seu bem-estar. A disciplina é a pedra angular do crescimento.

• **Indivíduos** (Gn 1.27). Os pais também são pessoas. Por mais óbvio que isso seja, reconheço que sou culpada por esquecer. Meus pais têm uma identidade além de Pai e Mãe.

NOSSOS RELACIONAMENTOS

Eles têm sonhos, desejos, medos, personalidades completas e planos. Eles também são indivíduos.

Essas realidades do evangelho devem nos direcionar para a maneira exata de tratar os nossos pais. Deixe-me explicar. Primeiro, se nossos pais são professores, devemos aprender com eles. Eles têm uma fonte de experiência mais profunda e mais ampla do que a nossa, então ouça os conselhos deles. Comunique-se com eles, faça suas perguntas e compartilhe seus medos e suas lutas. Como aluno deles, devemos nos sentir confortáveis para falar sobre absolutamente qualquer coisa. Mesmo que seja algo incômodo. Mesmo que faça com que nos sintamos vulneráveis. Afinal, eles são nossos pais.

Além disso, se nossos pais são autoridades sobre nós, devemos *obedecer* a eles. A honra alimenta a obediência. Então, deixamos de ir àquela festa. Não discutimos com o nosso irmão. Fazemos o nosso dever. Obedecemos *em tudo*, até mesmo às ordens incômodas e dolorosas, enfadonhas e maçantes. Mais do que isso, não obedecemos por um senso de dever amargo, com o coração pesado e ingrato. Obedecemos com alegria. Nossos pais não estão simplesmente buscando atitude; eles querem a atitude correta.

Infelizmente, tenho de abrir parênteses: reconheço que, por causa do pecado, nem todo pai é uma autoridade piedosa e compassiva e nem todo pai quer que seu filho siga Jesus. Para os adolescentes que sentem dificuldade em obedecer nas situações desse tipo, quero encorajá-los com a seguinte verdade clara, mas dolorosa: quando você é submisso aos seus pais, está sendo submisso a Deus. Sua honra terrena reflete sua honra celestial maior.

Obedeça a seus pais o máximo que puder, exceto se chegar a um ponto em que você é convidado a pecar. Sua obediência para aí, mas não antes. E, nos dias em que você estiver sentindo desânimo ou frustração, lembre-se de que você tem um Pai celestial que é perfeitamente fiel, perfeitamente amoroso, perfeitamente bondoso, perfeitamente confiável, o pai perfeito em todos os sentidos. E ele o ama com um amor inabalável.

Se os nossos pais são os nossos disciplinadores, devemos *amadurecer* a partir da disciplina deles. O castigo é terrivelmente desconfortável, mas, se aprendermos a lição, seremos pessoas mais sábias. A disciplina não nos deve deixar com raiva de nossos pais (mas eu serei a primeira a admitir que isso é difícil). Se você tiver uma atitude de humildade, será *grato* aos seus pais. Mas, em minha experiência pessoal, descobri que a gratidão é algo que costuma vir depois, quando a dor da disciplina já passou. Mas e se expressássemos a nossa gratidão um dia depois, e não uma década depois? Seria um sinal de maturidade e coragem.

Por último, se nossos pais também são indivíduos, devemos *tratá-los com bondade genuína*. Eles são tão humanos quanto seus amigos e colegas de trabalho. Ore por eles. Ria com eles. Encoraje-os. Saia com eles para almoçar. Escreva um bilhete aleatório com boas palavras. Jogue o lixo fora para eles. Descubra aquilo de que gostam e não gostam, a comida e os filmes favoritos – e ame-os.

Irmãos
Irmãos são um fenômeno estranho, não? Costumam ser as pessoas que você mais ama no mundo e, ao mesmo tempo, as mais irritantes. Se você tem prestado atenção ao longo deste livro, já percebeu que eu tenho um irmão chamado Travis. Ele é o meu único irmão, dois anos mais jovem e, em muitos sentidos, muito diferente de mim. Mas temos a bênção de ter um bom relacionamento.
Dependendo da diferença de idade e de personalidade, os relacionamentos entre irmãos variam muito. Mesmo assim, se os seus irmãos são mais velhos ou mais jovens, salvos ou perdidos, próximos ou distantes, o evangelho os une com algo em comum, *que é buscar os interesses deles.*
Em Filipenses 2.3-4, Paulo diz: "Nada façais por partidarismo ou vanglória, mas por humildade, considerando cada um os outros superiores a si mesmo. Não tenha cada um em vista o que é propriamente seu, senão também cada qual o que é dos outros". E depois ele usa o exemplo de Jesus. Adolescente, se você quer ser como Jesus, considere os seus irmãos superiores a si mesmo.
Então, dizemos: "Vou colocar as suas necessidades, as suas vontades e a sua felicidade acima da minha". Dizemos: "Vou lhe dar o último brownie, embora realmente querendo comê-lo. Vou fazer a tarefa doméstica por você hoje.

Vou ajudá-lo com seu dever de casa. Serei sua babá com o coração alegre. Vou trocar suas fraldas. Vou comprar café para você. Vou admitir que estava errada e vou pedir perdão. Vou viver de maneira a colocá-lo acima de mim e não vou pedir nada em troca. Vou abrir mão dos meus próprios interesses e vou seguir os mandamentos e os exemplos de Jesus". Considerar os outros superiores a você é morrer para o próprio egoísmo natural, ser diariamente desafiado a depender da força do Espírito para matar o seu pecado.

Morrer para si mesmo também significa que estamos abrindo mão do desejo de estar sempre certos. Paramos a discussão com nosso irmão. Somos os primeiros a nos desculpar com nossa irmã. Nem sempre corrigimos ou criticamos nosso irmão mais novo. Mesmo que, em todas essas situações, estejamos certos. A ironia da vida é que, quando fazemos tudo para que as pessoas pensem que somos inteligentes, acabamos parecendo burros. Pense na última vez que esse desejo o levou a brigar com seu irmão. Suponho que isso não o levou a se render graciosamente ao seu conhecimento superior e a agradecer abundantemente por iluminá-lo.

Morrer para o desejo de estar certo é morrer para o orgulho. E isso é algo que todo irmão precisa fazer todos os dias.

NOSSOS RELACIONAMENTOS

Amigos

Quando eu tinha treze anos, rapidamente comecei a fazer muitos amigos. Foi quando entrei para o clube de teatro. Eu imediatamente me dei bem com aqueles adolescentes gentis e apaixonados, e o que nos unia era o amor pelo teatro e o desejo de desenvolver diálogos significativos no palco. Frequentávamos as festas de aniversário uns dos outros, fazíamos festas para a equipe e nos víamos toda semana nos ensaios. Mas, quando deixei o clube, três anos depois, as coisas mudaram e nossa amizade foi diminuindo. Não é que esses amigos simplesmente tenham desaparecido, mas a cola que unia nossa amizade (o teatro) se desfez. Sem o teatro, nossas amizades "íntimas" acabaram.

Por outro lado, existe a Hannah. Só nos encontramos pessoalmente uma vez e ela mora no outro lado do país, mas eu a considero uma das minhas melhores amigas. Nossos avós frequentavam a igreja juntos e arranjaram para que fôssemos amigas por correspondência por e-mail, há mais de sete anos. Hannah é seguidora de Jesus e me incentiva em Cristo a cada e-mail que me envia. Posso voltar para algumas de nossas primeiras correspondências, ler todos os e-mails dela e encontrar as orações dela por mim, sua transparência, amor pela verdade e graciosa prestação de contas. Nossa amizade só fica mais forte com o passar do tempo.

O homem mais sábio que já viveu, o Rei Salomão, valorizava muito a amizade. Ele reconheceu que as pessoas com quem passamos o tempo têm uma influência poderosa e tangível sobre nós. Em Provérbios, ele deu muitos conselhos sobre a importância de escolher o tipo certo de amigos e incentivou seu filho a passar tempo com pessoas:

- justas e bondosas (Pv 1.10–19)
- que buscavam a justiça (Pv 12.26)
- sábias (Pv 13.20; 14.7)
- incondicionalmente amorosas (Pv 17.17)
- próximas e comprometidas (Pv 18.24; 27.10)
- dóceis (Pv 9.9)
- sensatas e que tivessem domínio próprio (Pv 22.24)
- honestas (Pv 25.18)
- confiáveis (Pv 25.19)
- edificantes (Pv 27.17)

Trata-se de um padrão realmente elevado, um padrão que nenhum ser humano pode cumprir à perfeição. Mas existem amigos por aí que estão buscando todas essas coisas boas. Eles existiam na antiga Israel e existem hoje. Hannah é uma prova viva disso.

Mas fazer amigos piedosos nem sempre é fácil, especialmente na escola. Kyra têm dezesseis anos e frequenta a escola pública. "Na minha escola", ela me disse, "eu e minha irmã somos as únicas cristãs firmes, então ou nossos amigos não são cristãos ou afirmam ser cristãos mas não vivem como cristãos". Luke tem dezesseis anos e também frequenta a escola pública. "Eu diria que pode ser difícil ser

NOSSOS RELACIONAMENTOS

cristão na escola, por causa das tentações, e as pessoas só observam as coisas erradas que você faz. Então, torna-se mais difícil dizer que você é um cristão". John estuda em casa, mas concorda: "Eu provavelmente tenho menos amigos do que eu teria se não fosse cristão".

Eu me identifico com todos eles. Atualmente, também não tenho muitos amigos, mas Salomão parecia acreditar que isso é bom. Vivemos em uma cultura viciada em facilidades e velocidade, com tanta pressão para estar constantemente fazendo tantas coisas ao mesmo tempo que acabamos sacrificando alguns poucos relacionamentos profundos por causa de um oceano de relacionamentos superficiais. Não somos capazes de ser íntimos de nossos dois mil amigos no Facebook. Salomão recomenda que dediquemos nosso tempo ao cultivo de amizades profundas e piedosas. Encontre as Hannahs que irão edificar e abençoar você. Não idolatre a ideia de popularidade, status ou conveniência. Em vez disso, desacelere e reflita sobre aqueles com quem você está passando o seu tempo.

Não é possível passar do primeiro capítulo de Provérbios sem que Salomão comece a dar conselhos ao seu filho sobre a escolha de amizades. "Filho meu, se os pecadores querem seduzir-te, não o consintas" (Pv 1.10). Ao longo de todo o livro, ele constantemente manda que seu filho afaste-se dos "tolos" (veja Pv 14.7, 16; 17.12; 23.9; 26.4–10; 29.9). São as pessoas que não andam em sabedoria. Elas falam tudo o que pensam, acham que o pecado é uma piada, zombam da obediência, derrubam outras pessoas e buscam a autoglorificação acima de tudo. Você conhece alguém assim? Salomão diz que você não deve ter esse tipo de amigos.

Mas isso não significa que não teremos (ou que não devemos ter) amigos que não são cristãos. É impossível não tê-los se você frequenta uma escola pública ou particular ou se trabalha para uma empresa secular. Você está cercado de incrédulos todos os dias. Mas Salomão revela que nossos relacionamentos com eles nunca podem ter uma intimidade profunda ou permanente. Nosso propósito de vida, nosso futuro, nossas lutas e vitórias são muito diferentes das deles e nós não somos unidos nas questões que mais importam. Não se afaste nem evite esses amigos, mas compreenda que, por causa do evangelho, vocês nunca poderão ter uma amizade profunda de coração.

Minha amiga Isabelle tem dezoito anos e, certa vez, me disse algo muito verdadeiro: "Embora seja fácil ter amigos com quem você possa passar o seu tempo, é muito mais difícil encontrar aqueles com quem você possa rir, chorar, orar ou debater teologia. Quando você se torna cristão, é como entrar para um clube especial. Certamente, você passa tempo e se preocupa com as pessoas fora do círculo, mas quer passar mais tempo com aqueles que fazem parte dele".

NOSSOS RELACIONAMENTOS

O TIPO DE AMIGOS QUE VOCÊ DEVE BUSCAR (E SER)

- Justos e bondosos (Pv 1.10–19)
- Que buscam a justiça (Pv 12.26)
- Sábios (Pv 13.20; 14.7)
- Incondicionalmente amorosos (Pv 17.17)
- Íntimos e comprometidos (Pv 18.24; 27.10)
- Dóceis (Pv 9.9)
- Sensatos e que tenham domínio próprio (Pv 22.24)
- Honestos (Pv 25.18)
- Confiáveis (Pv 25.19)
- Edificantes (Pv 27.17)

Amizades no evangelho são uma bênção de Deus (Pv 18.24). Eles fazem com que os cristãos sejam seguidores de Jesus mais sábios, fortes e alegres. São difíceis de encontrar, mas são presentes inestimáveis. Tenha consciência disso e seja grato por eles.

O Sexo Oposto

Agora chegamos à parte divertida. Mas será que realmente é? Acho que estou prestes a decepcioná-lo. Não tenho os dez mandamentos para o namoro, nenhuma lista dizendo quais são os limites físicos "apropriados", nenhuma história hollywoodiana sobre como o amor da minha vida dançou a valsa comigo e conquistou meu coração (pelo menos, isso ainda não aconteceu). A questão é que não tenho dicas ou truques especiais para lidar com os relacionamentos inevitavelmente embaraçosos e divertidos com o sexo oposto.

Em vez disso, tenho uma palavra para você. Essa palavra é um clichê entre cristãos e, embora seja muito promovida por alguns, é rejeitada como enfadonha e cafona por outros. A palavra é "pureza". Inquestionavelmente, essa palavrinha mudou a maneira como interajo com os caras que conheço. O motivo é que, *por causa do evangelho, minha prioridade em meus relacionamentos com as pessoas do sexo oposto é promover a pureza*. Em outras palavras, a maneira como me pareço com Jesus nesses relacionamentos é celebrando, protegendo e demonstrando pureza. Parece simples e até mesmo óbvio, mas, quando você olha para as implicações dos relacionamentos, torna-se algo bem complicado.

Promover a pureza começa em sua mente. É algo que nasce, se desenvolve e é exercitado em seu cérebro, e começa quando você examina os seus pensamentos, desejos e atitudes. Quando você está com alguém do sexo oposto, em que costuma pensar? Por que você pensa dessa forma? Quando você está sozinho e sonhando acordado, com quem (ou o quê) você está sonhando? Você busca proteger sua mente da imoralidade sexual de forma ativa e intencional? Atualmente, é comum as pessoas instalarem aplicativos para bloquear a pornografia em seus aparelhos. Mas nós fazemos o mesmo (figuradamente) em nossas mentes? Somos

NOSSOS RELACIONAMENTOS

diligentes para evitar as imagens, as ideias e os entretenimentos sexuais?

A raiz da pureza é comprometer-se a pensar em "tudo o que é verdadeiro, tudo o que é respeitável, tudo o que é justo, tudo o que é puro, tudo o que é amável, tudo o que é de boa fama, se alguma virtude há e se algum louvor existe" (Fp 4.8). Somente assim poderemos agir com pureza.

Uma vez que mudamos a nossa maneira de pensar, podemos buscar ações puras. Faça a si mesmo perguntas difíceis. Quando você está com alguém do sexo oposto, por que diz o que você diz? Por que se veste da maneira como se veste? Você tenta chamar a atenção do sexo oposto? De que maneira? Você age com base no padrão de pureza da sociedade ou de Deus?

Mas a pureza é maior e mais abrangente do que somente você. Devemos tomar atitudes não somente para proteger a própria pureza, mas também a pureza do *sexo oposto*. Faz muita diferença quando o seu foco deixa de ser somente o próprio coração e passa incluir a outra pessoa. Mas essa é uma parte importante do significado de amar o próximo – pensar no que é importante para o próximo, em seus pensamentos e em sua santidade. Faz com que você tenha mais consciência da importância de se vestir com modéstia (adolescentes), de evitar ambientes inapropriados, de ter limites nas redes sociais, de prestar contas, de lutar contra a cobiça, de orar por seus amigos do sexo oposto. Você pode – não, você *precisa* – cooperar com a pureza dos outros.

Ter amigos do sexo oposto é ótimo. Realmente é. Homens e mulheres podem aprender muito uns com os outros. Mas por que sempre é preciso envolver um "quem gosta de quem"? Se a sua prioridade é proteger a pureza, isso deve estar presente em cada palavra, ação, tweet compartilhado, curtida, texto, pensamento e desejo. Lembre-se de que todos os nossos relacionamentos devem ser contextos em que nos tornamos mais parecidos com Cristo à medida que fazemos continuamente o bem pelas pessoas que conhecemos. Você pode dizer isso sobre os seus relacionamentos com o sexo oposto? Eu posso? Se não podemos, alguma coisa precisa mudar. E precisa mudar agora.

Agora é a Sua Vez

No fim das contas, nenhum relacionamento em nossa vida permanece intocado pelo evangelho. Nenhum. Todo relacionamento deve ser sobre amarmos como Jesus, servirmos como Jesus, encorajarmos como Jesus e sermos como Jesus, glorificando a Deus acima de todas as coisas.

E agora chegamos ao fim deste capítulo. Isso significa que é a sua vez. Como você vai aplicar esses princípios na sua própria vida? Pense nas próximas palavras que você vai falar. Considere como pode ser gentil na próxima hora. Como você pode servir a alguém? Como pode encorajar alguém? Como você morrerá para si mesmo – mesmo que os

NOSSOS RELACIONAMENTOS

seus irmãos deixem você com os nervos à flor da pele hoje à noite? Você vai obedecer a seus pais? Você protegerá sua pureza?

De que maneira o evangelho transformará seus relacionamentos hoje? Você é o único que pode responder a essa pergunta.

Nossos relacionamentos: perguntas para discussão

• Qual dos dois perigos nos relacionamentos (idolatria e egoísmo) você tem mais dificuldade para enfrentar? De que maneira estarmos atentos a esses perigos em potencial nos ajuda a enfrentá-los?

• Quais coisas específicas você pode fazer para honrar, encorajar e amar os seus pais esta semana?

• Como você acha que será a sua vida com a pureza sendo celebrada e promovida? Você já refletiu sobre namoro, casamento ou até mesmo sobre os relacionamentos de amizade com o sexo oposto à luz do evangelho?

EPÍLOGO

Agora que estamos no final, não pode haver dúvida: o evangelho literalmente muda *tudo*. Desde os mínimos aspectos da vida até os maiores, o evangelho abrange tudo. E, antes que este livro acabe, vamos deixar algo bem claro: quando falamos sobre o evangelho, estamos falando sobre Deus. *Deus* muda tudo.

Deus é o Criador que nos deu a vida.
Deus é o Salvador que redimiu as nossas almas.
Deus é o refúgio que alivia os nossos fardos.
Deus é o Pai que perdoa os nossos pecados.
Deus é o Rei que requer o nosso serviço.
Deus é a paz que satisfaz os nossos anseios.

Deus é a sabedoria que guia os nossos passos.
Deus é o transformador que muda as nossas vidas de maneira total, irreversível e completa.

Há apenas uma resposta possível a um Deus assim: *adoração*. O objetivo das conclusões é perguntar: "E agora?". Aqui está a resposta à sua pergunta: passe a juventude (e todos os dias do resto da sua vida) de olhos bem atentos e a alma saturada de adoração. Fixe os seus olhos no Deus que nos dá vida, redime as nossas almas, alivia os nossos fardos, perdoa os nossos pecados, nos faz servi-lo, nos satisfaz por completo, guia os nossos passos e transforma as nossas vidas. Seja humilde, fique maravilhado, seja fiel e que seu único foco seja buscar esse Rei do universo. Tome sua cruz, negue a si mesmo diariamente e siga-o.

Deus está trabalhando nesta geração. Ele está levantando os jovens para rejeitar o *status quo* e arriscar tudo para obedecer a ele. Essa é a nossa geração. Essa sou eu. *Esse é você*. E esse é o nosso chamado.

Deus muda tudo. Agora, adolescente, vá e viva a sua vida desse modo.

AGRADECIMENTOS

Quando surgiu a ideia de escrever este livro, pensei, de uma forma ingênua, que seria um processo bastante solitário. Agora, contudo, sei que esse foi um pensamento bizarro. Diversas pessoas se envolveram de maneira fundamental e poderosa nesse percurso. Agradeço, em primeiro lugar, a Brett Harris, por haver publicado meus textos no *TheRebelution.com* quando eu tinha 16 anos, incentivando meu desejo de escrever para adolescentes; por me ter instruído durante todo o trajeto; e por me ter ajudado a trabalhar em minha proposta e atuar como meu agente. Este livro não existiria sem você.

Agradeço a toda a equipe da Crossway, por sua disposição em me publicar e por sua gentileza e ajuda ao longo de todo o processo. Agradeço aos designers, à equipe de marketing, aos revisores e a todos aqueles que, generosamente, contribuíram para este projeto. Vocês são plenos de integridade e profundamente comprometidos com Cristo de um modo que admiro muito.

Agradeço a Dave DeWit, por defender este projeto desde o princípio. Obrigada por ler cada capítulo enquanto eu escrevia e pelos feedbacks preciosos. E obrigada por ter sido tão aberto e transparente em relação a todo o processo com esta novata editorial.

Agradeço a Laura Talcott, por suas revisões gentis e cuidadosas.

Agradeço a todos os amigos quae responderam às minhas muitas perguntas e deram respostas tão atenciosas, amáveis e envolventes. Agradeço a Hannah Scheltens, por sua amizade ao longo desses anos e pela alegria constante que você tem representado na minha vida. Agradeço à Vó e ao Vô, e também ao Avô e à Vó Dawn, por serem modelos em Cristo e por se alegrarem comigo.

Agradeço à minha família da Gospel Light Baptist Church por seus textos, e-mails, orações, biscoitos e encorajamento enquanto eu escrevia este livro. Vocês são a minha família e eu sou constantemente abençoada por seu amor.

Agradeço ao Travis, por providenciar tantas ilustrações para este livro e por haver construído aquela escrivani-

AGRADECIMENTOS

nha para mim no porão. Alegro-me por você ter nascido, por ser o meu irmão e porque você me ensina tanto sobre seguir Jesus.

Agradeço à minha mãe e ao meu pai por tudo – por lerem cada versão deste livro tantas vezes, por sua paixão e perseverança na oração, por sua honestidade e suas críticas, por me ajudarem com minhas conclusões desastrosas, por toda a granola para me dar energia, por me doarem seu tempo e espaço, e também por sempre apontarem para Jesus. Quando digo *vocês são os melhores*, é de todo o coração.

E como este livro é, em primeiríssimo lugar, sobre o Deus do universo, sou muito grata a ele por me haver dado a oportunidade de escrever sobre ele. É para a glória dele que escrevo e é para a glória dele que este livro existe. Que nunca deixe de ser assim!

Soli Deo gloria.

FIEL
MINISTÉRIO

O Ministério Fiel visa apoiar a igreja de Deus, fornecendo conteúdo fiel às Escrituras através de conferências, cursos teológicos, literatura, ministério Adote um Pastor e conteúdo online gratuito.

Disponibilizamos em nosso site centenas de recursos, como vídeos de pregações e conferências, artigos, e-books, audiolivros, blog e muito mais. Lá também é possível assinar nosso informativo e se tornar parte da comunidade Fiel, recebendo acesso a esses e outros materiais, além de promoções exclusivas.

Visite nosso site
www.ministeriofiel.com.br

Esta obra foi composta em Chaparral Pro Regular 12, e impressa na Promove Artes Gráficas sobre o papel Pólen Natural 70g/m², para Editora Fiel, em Outubro de 2024.